사랑이 여기 있으니

KB189926

이 소중한 책을

특별히 _____님께

드립니다.

사랑이 여기 있으니

고정희 선교사 지음

나침반

두유 한 병

잠시 한국에 나왔다가 코로나19로 기나긴 순례의 여정을 보냈다. 그리고 한국에서의 마지막 밤이 되었다.

긴 시간이 말해주듯 짐을 싸고 정리하는데 생각보다 짐이 많았다. 끌고 메고 들고 할 생각에 나도 모르게 기도가 절로 나왔다.

'한 번만 더 누구라도 전화가 온다면 이번에는 응할 텐데요.'

아침 일찍 비행기라서 새벽에 첫 지하철로 공항에 갈 예정이었다. 환승도 해야 하고 힘이 들 것 같았지만 너무 이른 시간이기에 공항까지 섬기기를 원하는 지체들에게 괜찮다고 했다.

짐 뭉치들을 걱정스레 바라보고 있는데 늦은 저녁 시간 한 형제에게서 문자가 왔다. 선교사님이 거절하셨지만 어떻게든 공항까지 모셔다드리고 싶어서 다시 용기를 내었다고 하는 문자였다. 조심스러움이 묻어나는 글이었다. 다시 용기를 낸 그 마음이 무척이나 고마웠다.

한국에서의 마지막 밤은 잠을 이룰 수가 없었다.

지금 일본 땅과 그 땅에서 기다리는 이들과 만날 생각에 내 심

5

장은 멈추질 않았다.

처음 사랑처럼 말이다.

'내 심장이 다시 이렇게 될 때까지 주님이 기다리셨구나.'

다음 날 새벽, 차가운 겨울 공기가 제법 쌀쌀했다.

짐을 다 싣고 차에 탔다. 차 안은 이미 1시간을 달려오느라 훈훈했고, 잔잔히 들려오는 찬송가 피아노 선율이 참 예쁘다는 생각이 들었다.

뒷자리 보조석 받침대에 나란히 두유 두 병이 놓여 있다. 만져 보니 따뜻했다. 준비한 형제의 마음이 녹아져 있었다. 한참을 그렇게 두 손에 따뜻한 두유를 감싸고 있었다. 그리고 밤새 멈추질 않고 두근두근 방망이질로 너무 쓰린 속은 따뜻한 두유 한 병으로 충분했다. 나는 작은 유리병 음료를 들고 있다 보면 그때의 교회 오빠가 생각이 난다.

여러 사정으로 여러 날 아파서 아무것도 못 먹고 있던 내게 교회 오빠는 작은 오렌지 주스 한 병을 사주었다. 단단한 뚜껑을 열어 "자, 마셔"라며 손에 쥐어주었다. 내 마음이 녹기엔 그 오렌지 주스 한 병으로 충분했다.

그 교회 오빠가 지금의 남편이다.

어떠한 큰 사건이 우리의 마음을 움직이는 것은 아니다. 필요를 채우는 자상함이면 충분하다. 그것이 때론 사랑의 형태로 나타난다.

예수님은 부활하신 이후에 아침 일찍 디베랴 바다에 낙심하고 소망을 잃은 제자들을 찾아가신다(요 21장). 그리고 숯불을 피우고 빵과 고기를 구우신다. 밤새 고기를 잡느라 힘을 썼지만 고기를 한 마리도 잡지 못하고 낙심한 제자들을 위함이다.

"와서 아침을 먹어라."
예수님은 가까이 오셔서 친히 빵과 생선을 집어서 제자들에게 주신다. 그리고 힘을 내라고 하신다. 주님이 피워 놓으신 숯불 앞에서 빵과 생선을 먹은 제자들은 그것으로 충분했다. 그러기에 이제는 더 이상 물고기를 잡는 어부가 아니라 소망을 따라 영광의 기쁨의 삶을 살 수 있었다.

비행기를 타고 두 시간도 채 안 되었는데 일본 땅에 도착했다. 잠시 잊고 지내던 일본 냄새가 편안하게 맞아주었다. 이 땅에는 예수님의 이름을 알지 못하는 민족의 필요가 있다. 이들에게 측량할 수 없는 최고의 필요는 예수 그리스도의 복음을 듣고 믿는 것이다.
복음은 '모든 믿는 자에게 주시는 하나님의 능력'이기 때문이다(롬 1:16).

"또 내가 그리스도의 이름을 부르는 곳에는

복음을 전하지 않기를 힘썼노니

이는 남의 터 위에 건축하지 아니하려 함이라"(롬 15:20)

　　그리스도를 알지 못하는 사람에게 반드시 복음을 전하겠다는
바울의 거룩한 열망이다. 이 거룩한 열망을 나도 동일하게 안고
어떠한 모양이든 사랑의 형태로 이들의 필요를 채우길 소망한다.
　　때론 따뜻한 두유 한 병으로…
　　때론 오렌지 주스 뚜껑을 열어주는 자상함으로…
　　때론 손수 구운 빵과 생선으로…

- 일본 땅의 복음화를 기도하며

고정희 선교사

목차

1
다레노 엄마?

처음 우리 (조선) 학교 급식에 갔을 때이다.

학교 한쪽 모퉁이에 있는 주방에서 엄마들과 급식을 준비하고 있었다. 쉬는 시간에 한 유치부 아이가 자신의 엄마가 주방에 있는지 확인하러 왔다. 엄마를 확인한 아이는 나를 보고 물었다.

"다레노 엄마?" (누구 엄마예요?)

못 보던 엄마가 있으니 궁금했던 모양이다.

유치부 아이들은 아직 우리말이 서툴러서 일본어와 우리말을 섞어서 말을 하는 경우가 많다. 아이는 몇 번을 묻고는 얼른 교실로 뛰어갔다. 그다음 급식에 갔을 때는 "안녕하세요"라며 활짝 웃었다. 몇 달이 지났을 때는 그냥 와서 안겼다.

'우리 예수님의 삶이 이런 것이었을까?'라는 생각을 했다.

더 많이 착한 일을 하려고 애를 쓰는 것도 아니고 나쁜 일을 하지 않는 그런 것이 아니라 그저 사랑 안에서 관계를 맺는 것 말이다.

그분이 죽음을 무릅쓰고 우리에게 주고 싶어 하신 참된 삶은 무엇일까?

나의 삶을 통해 그분의 생명이 흘러가는 것일까?

예수님은 어떠한 상황에서도 모든 이들과 깊이 공감하고 너그럽게 그들을 사랑하고 계셨다.

"삭개오야 속히 내려오라"(눅 19:5)

나는 이렇게 부르시는 예수님의 사랑이 너무 따뜻해서 좋다. 십자가는 이기적인 나를 용서해 주었고, 예수님처럼 사랑하고픈 갈망을 심어 준다. 그리고 이것이 기적이라고 생각한다.

「주님,
나의 삶을 통해 당신의 생명이 흘러가게 하소서. 아멘.」

2
사랑은 여기 있으니

아침밥을 먹던 중 남편이 갑자기 내게 물었다.

"천국에 가면 무엇이 가장 좋을 것 같아?"

내가 잠시 머뭇거리자 남편이 말을 이었다.

"나는 천국에 가면 가장 좋은 것이 예수님 얼굴 보는 것이야."

지금 내 앞에 있는 남편을 보듯이 예수님을 만난다는 생각에
심장이 서서히 조여드는 느낌이 들었다. 그리고는 '쿵'하고 사랑
이 찾아왔다.

'예수님 보고 싶습니다.'

결혼하기 전 나는 내성적인 성격으로 교회에 가면 눈에 띄지
않는 곳에 조용히 있다가 사라지는 여자아이였다. 그런 내게 무
섭게 직진하는 교회 오빠(남편)를 만나 처음 사랑을 하게 되었다.

인삼 장사를 가셨다가 한참 만에 집에 오신 엄마는 빨래 널어

있는 모양을 보고 '무슨 일이 생겼구나'라고 생각하셨다고 한다. 친구들마저도 '얌전한 고양이 부뚜막에 먼저 올라간다'라는 속담을 언급할 정도로 조금은 요란한 사랑을 했다. 결혼한 후에는 아침마다 떨어지는 것이 싫어서 남편 닮은 인형 하나를 만들어 주머니에 넣어두었다가 보고 싶을 때마다 꺼내 보고 싶을 정도였다.

나는 한 번씩 이때의 사랑을 꺼내어 들여다보곤 한다.

그 진한 사랑의 향이 퍼져서인지 우리는 사는 동안 향이 좋은 섬유유연제를 뿌린 옷을 입은 것처럼 화려하진 않지만 은은한 향기를 풍기며 살고 있다. 그래서 좋다.

"사랑은 여기 있으니 우리가 하나님을 사랑한 것이 아니요
하나님이 우리를 사랑하사 우리 죄를 속하기 위하여 화목 제물로
그 아들을 보내셨음이라"(요일 4:10)

사랑이 여기 하나님께 있다.

사랑이신 하나님은 아들의 생명과 바꿈으로 이 땅에 사랑을 보내셨다. 아들은 십자가에서 거룩한 피를 다 쏟아 그 진한 사랑을 흘렸다. 이렇게 이 땅에 사랑이 왔다. 이 죽음같이 강한 사랑을 값없이 내가 받았다. 이렇게도 나를 사랑하심이 크고 요란할까?

우리의 가장 솔직한 필요는 사랑받는 것, 그리고 우리의 가장

큰 갈망은 사랑하는 것이다.

이 사랑을 주님이 주셨고 알게 하셨다. 주님은 십자가 죽음 앞에서도 요동치 않는 사랑을 제자들과 하신다.

"우리가 처음 만났던 갈릴리 기억하지?

내가 살아난 후 거기로 갈 테니 거기서

우리 다시 만나자"(마 26:32).

주님은 어떤 상황에 있든 사람들과 깊이 공감하고, 되돌려 받지 못할지라도 나눠주고, 사랑을 대갚음하는 사람이 없을지라도 계속 사랑하며, 용서받을 자격이 없는 자를 용서하고, 고난받아야 할 사람 대신 고난을 받으셨다.

이미 십자가의 사랑을 받은 자로 산다는 건 내가 얼마나 상처를 받았든지, 얼마나 실패를 했든지에 상관없이 사랑하며 사는 것이다. 예수님은 많은 기적을 일으켜서 삶이 편해진 적 없고, 그가 전한 가르침으로 인한 인기에 반응한 적도 없다. 사탄이 모든 부귀영화와 영광을 다 준다고 유혹하여도 하나님을 사랑하기에 자신의 최고의 사랑은 하나님임을 보이셨다(마 4장).

베다니에 예수님을 사랑하는 두 여인이 있었다.

한 여인 마리아는 예수님의 발치에 앉아 그의 말씀을 사모하는 여인이고, 그의 언니 마르다는 이곳저곳 다니신 배고픈 예수님을 위하여 부엌에서 음식을 준비하는 여인이었다. 나는 이 두 여인이 모두 좋다. 자기가 잘할 수 있는 것을 가지고 예수님을 사랑하고 있기 때문이다.

살다 보면 왜 나만 바쁘냐고, 왜 나만 힘드냐고, 마르다처럼 불만을 터트리기도 하고 짜증을 내기도 하고 분노하기도 한다. 누군가가 미워서 괴롭기도 하다.

이럴 때 '사랑은 여기 있으니' 사랑을 기억하자.

미워하는 마음을 없애려고, 죄를 안 지으려고, 유혹에 안 빠지려고 아등바등하지 말고 더 사랑하려고 힘을 내보자.

제자들의 어떠한 배신에도 사랑으로 답하시는 주님처럼 말이다.

"갈릴리에서 우리 다시 만나자"라고 하신 주님의 말씀을 기억하자.

「주님,
죽음같이 크고 요란한 사랑을 값없이 받았습니다.
이 진한 사랑이 내 사는 동안 은은한 향기 되게 하소서. 아멘.」

3

소나무 세 그루

코로나19로 발이 묶여 일본으로 들어가지 못하고 있었다.

5개월이 넘는 시간을 주님이 이끄시는 대로 움직이며 순례자의 삶을 살았다. 세종시의 어느 곳은 아파트 숲을 지나 조금만 가면 한적한 시골 마을이 나온다. 원래는 공주시였는데 세종시가 생기면서 세종으로 합해진 마을이라고 한다.

그곳 산 중턱에는 예쁜 집을 짓고 사는 80세가 다 되신 머리가 하얀 장로님, 권사님 부부가 계신다. 우리 부부는 딸과 함께 그곳에서 한 달간을 지냈다. 주님이 허락하신 환경에 감사한 시간이었다.

온몸에 암 덩어리가 퍼져서 더 이상 이 땅에서의 삶을 살아갈 수 없는 자매님이 마지막 외출을 하였다. 우리는 그곳에서 그 자매님과 귀한 만남을 가졌다. 거실에 큰 유리창이 있어 밖이 훤히 잘 보였다. 유리창에서 보이는 넓은 밭들과 많은 나무들이 너무 좋았다. 한참을 보고 있으니 크고 길쭉하게 자라 위에만 잎이 무성한 소나무 세 그루가 보였다. 두 그루는 앞뒤로 나란히 서 있고 다른 한 그루는 조금 떨어져 그 옆에 서 있었다.

기력 없이 앉아 있던 자매님이 "우리 조선 같네요"라고 조용히 말했다.

"앞에 있는 나무는 남조선 같고 그 뒤에 보일 듯 말 듯 서 있는 나무는 북조선 같고 그 옆에 조금 떨어져 서 있는 나무는 일본에 아직도 숨겨져 있는 60만 명의 조선 같아요"라고 말했다. 버티듯이 서 있는 소나무 세 그루를 보면서 한국, 북조선, 일본 조선… 조국을 생각하며 기도했다.

주님은 왜 지금까지 우리 민족을 셋으로 나누어 놓으셨을까?

우리 민족을 가장 나중 된 자 되게 하기 위함 같았다.

빙 둘러앉아 우리 민족을 위해 기도하던 우리는 눈시울이 붉어졌다. 조선을 이처럼 사랑하사 마지막까지 이렇게 놓으실 수밖에 없는 주님의 마음이 모두에게 전해졌다. 해가 저물어 저녁이 되기까지 나중 된 자를 찾으시는 주님의 절절함이 우리의 소망과 동일함에 감사했다. 자매님이 고백했다.

"이 땅에서의 마지막 외출을 주님의 계획안에 있는 나중 된 자들 '조선'을 위해 기도함이 큰 기쁨이요, 주님의 은혜입니다."

"천국은 마치 품꾼을 얻어 포도원에 들여보내려고 이른 아침에 나간

집 주인과 같으니"(마 20:1)

품꾼을 얻어 포도원에 들여보내려고 주님이 가장 먼저 이른 아침에 나가셨다. 누구보다 일찍 나간 주님이 한 명 한 명 찾아 포도원에 들이시고 있다.

가장 나중 된 자들을 모두 다 찾으실 때까지 열심히 찾아 포도원에 들이셨다. 주님은 지금도 포도원에 들어갈 자를 절실히 찾고 계신다. 나는 주님이 찾고 있는 자들을 함께 찾고 싶다.

아직도 사상과 이념으로 일본 땅 안에 숨겨져 복음을 듣지 못하고 있는 60만 명의 조선을 주님이 마음 아파하시며 찾고 있다. 말씀에 나중 된 자들도 포도원에 들어와서 동일한 삯을 받는다는 것에 가슴이 요동친다. 결국은 주님이 찾으시는 모든 품꾼을 포도원에 들여놓는 것이다. 이것이 너무 기쁘다. 그리고 주님은 놀라운 말씀을 하셨다.

"이와 같이 나중 된 자로서 먼저 되고 먼저 된 자로서 나중 되리라"

(마 20:16)

주님은 포도원의 문이 닫힐 때까지 나중 된 자를 다 찾으시고 그들이 먼저 된 자가 될 것이라고 하셨다. 이 땅에서 외롭고 어두웠던 나중 된 자들을 앞에 세우시는 주님의 반전이시다! 멋지다. 아직은 숨겨져 복음을 듣지 못하고 있는 사람들을 사랑하시는 주님 말씀이다.

"땅과 거기에 충만한 것과 세계와 그 가운데에 사는 자들은

다 여호와의 것이로다"(시 24:1)

"하나님이 모든 사람을 순종하지 아니하는 가운데 가두어 두심은

모든 사람에게 긍휼을 베풀려 하심이로다"(롬 11:32)

「모든 것의 주인 되신 주님,
오늘도 당신의 주권을 신뢰하며 기도합니다.
우리는 믿음으로 살아가야지
보는 것으로 살아가지 아니하게 하소서. 아멘!」

4
더 좋은 소망

나는 어린 시절 마을에서 동떨어진 산 너머에 있는 원두막 같은 작은 집에서 살았다. 홀로 과수원을 하던 엄마는 추운 겨울이 지나고 복숭아꽃이 피는 계절이 되면 전기도 없는 그곳으로 우리 남매를 데리고 갔다.

아침에 학교에 가기 위해 산길을 걸으면 풀에 맺힌 이슬로 신발이 다 젖곤 했다. 엄마가 사준 운동화가 젖을까 동생과 둘이서 두 손에 운동화를 들고 맨발로 산길을 걸었다. 그 당시 시골은 운동화가 귀했다. 검정 고무신이 흔한 시절이었다.

지금도 가끔 산에 이슬 맺힌 좁은 길을 걷노라면 운동화를 들고 내 앞을 걷던 동생 모습이 그려진다. 그리고 그 시절의 하나님이 생각난다. 그때 나와 함께 있던 하나님 생각에 가슴이 떨린다. 그 산길에 함께 있던 그 하나님이 보고 싶다.

한 시간을 넘게 걸어야 하는 산길은 어린 남매에게는 험하고 먼 길이었다. 그 길을 주님과 함께 매일 걸어 다녔다.

"돈으로도 못 가요 하나님 나라,
믿음으로 가는 나라 하나님 나라,
예수님 찬양 예수님 찬양…."

많은 무덤과 벌레가 있는 산이 버겁고 무서워서 십자가에 달리신 예수님 생각을 했다. 십자가에 달리신 예수님을 바라보시고 있는 하나님의 슬프고도 따스한 눈동자를 보았다.

하나님이 위에서 전부 보고 계셨다. 그 눈동자가 나를 보고 계셨다. 그것으로 모든 것이 안심되었다. 조금 커서 알게 된 것은 그것은 엄청난 주님의 은혜였다.

'하나님이 보고 계시면 그것으로 괜찮습니다.'

하나님이 아빠처럼 나를 보호하시고 지켜주셨다.

아무도 모르는 나만 알고 있는 비밀처럼 나를 위해 있는 하나님이 참 좋았다.

"야곱아 너를 창조하신 여호와께서 지금 말씀하시느니라

이스라엘아 너를 지으신 이가 말씀하시느니라

너는 두려워하지 말라 내가 너를 구속하였고

내가 너를 지명하여 불렀나니 너는 내 것이라"(사 43:1)

아빠 되신 하나님이 너무 좋았다. 그 하나님께 기쁨이 되고 싶었다. 내가 무엇을 해야 좋아하실까? 이것저것 열심히 일하면 하나님이 좋아하시는 줄 알았다. 하나님의 마음을 잘 몰랐던 것이다. 사랑하는 주님의 마음을 잘 알고 싶다고 기도했다.

하나님이 마음 아파하는 자를 같이 보자고 하신다. 주님이 마음 아파하며 사랑하는 자들을 함께 사랑할 자가 필요하다고 하신다. 그들 편에 함께 설 자를 기다리고 계셨다. 이젠 주님께서 내가 필요하다고 하신다.

나를 위해 있는 하나님이 아니라 내가 하나님을 위해서 있다는 사실을 아는데 이렇게나 많은 시간이 흘렀다. 주님이 사랑하는 것을 나도 동일하게 사랑하고픈 이 소망으로 사는 것이 참 기쁘다.

「주님,
주님의 자녀로 주시는 혜택을 누리는 삶보다 주님의 친밀한 신부로
더 좋은 소망을 사모하는 자로 살게 하시니 감사합니다. 아멘!」

5

이불 펼 곳

일본에서 10년을 넘게 살고 있는 우리 가족은 한국에 집이 없다. 시골엔 부모님이 계시고 각 도시에 형제들이 살고 있지만 오랜 시간 머물기에는 미안하고 죄송한 마음이 드는 것은 사실이다.

잠시 일이 있어 한국에 왔다. 그런데 코로나19라는 급박한 상황 때문에 6개월이 다 되도록 일본 집으로 돌아가지 못했다. 얼마나 많은 선교사들이 들어와 있는지 비어 있는 선교센터 숙소를 구할 수가 없었다.

우리 부부는 딸과 함께 배낭 하나씩을 메고 순례자의 삶을 살았다. 그럼에도 오늘도 허락하신 모든 환경에 감사하고 인도하심에 감사의 기도를 올렸다. 내일은 어디로 가야 할지 몰라 서성거리고 있는 우리보다 주님은 앞서 행하셨다.

"선교사님, 어디 머무실 곳 있으세요?

오셔서 쉬었다가 가세요."

주님이 먼저 가셔서 이불 펼 곳을 찾아 주셨다.

따뜻한 이불을 펴고 눕는 것으로 그 하루가 행복했다. 먼저 가셔서 이불 펼 곳을 찾아 주시는 세밀하시고 따뜻한 사랑이다.

허락하심에 어느 곳이든 감사함으로 나아가니 오늘도 밤에는 불로 따뜻하게 해주시고, 낮에는 구름으로 시원하게 해주셨다. 코로나19로 허락하신 은혜에 감사했다.

"그는 너희보다 먼저 그 길을 가시며 장막 칠 곳을 찾으시고
밤에는 불로, 낮에는 구름으로 너희가 갈 길을 지시하신 자이시니라"

(신 1:33)

처음 일본 선교를 준비할 때가 생각났다.

여러 가지 문제를 갖고 있는 성도들이 교회의 마당에 천막을 치고 예배를 드리고 있었다. 이스라엘 백성들처럼 광야에서 주님이 주시는 만나를 기다리며 예배하는 영혼들이었다.

주님께서 "그들에게 갈 수 있느냐?"라고 물으셨다.

"주님! 그곳엔 아무것도 없습니다. 그런데 만나를 사모하는 그 영혼들이 너무 사랑스럽습니다. 주님이 마음 아파하시는 그곳으로 가겠습니다"라고 답했다.

삶의 기본이 준비되지 못한 상황이었지만 우리 가족은 가방 하나씩을 들고 기쁜 마음으로 비행기를 탔다. 주님은 우리 가족보

다 먼저 그곳에 가셨다. 해결되지 않을 것 같은 복잡하게 얽혀 있던 문제가 주님이 하시니 아무 일 없듯이 해결되었다.

성도들은 과부의 두 렙돈 같은 물질을 모아 헌 집이지만 도배와 장판을 깨끗하게 한 집을 준비해 놓았다. 주님이 바라보는 것을 더 좋은 소망으로 기뻐하며 함께 바라보았더니 앞서 일하시는 주님을 경험했다.

일본으로 간 첫날밤에 이불을 펴고 온 가족이 누워 그 따스함에 감사했다.

주님은 먼저 가서 이불 펼 곳을 준비해 주셨다.

「주님,
사람의 헤아림을 뛰어넘는 하나님의 평화가 나의 마음과 생각을 그리스도 예수 안에서 지켜주심을 감사합니다. 아멘!」

6

당신 한 분이면 나는 행복합니다

복잡하고 흥분된 시대를 살아가는 오늘도 하나님은 성경이 기록되던 시대와 똑같은 능력으로 말씀하시고 그 음성 듣기를 기다리신다.

룻기는 사사들이 다스리던 시대이다.

하나님과 언약은 했으나 방황하고 있는 출애굽의 다음 세대, 율법이 있으나 지켜지지 않는 시대, "자기 소견에 옳은 대로"(삿 17:6) 행하는 시대이다. 하나님은 이 땅에 등불을 밝히고 기름을 준비한 신부가 없음을 마음 아파하셨다. 그리고 하늘 문을 닫으셨다.

"너희는 스스로 삼가라 두렵건대 마음에 미혹하여 돌이켜 다른 신들을
섬기며 그것에게 절하므로 여호와께서 너희에게 진노하사 하늘을 닫아
비를 내리지 아니하여 땅이 소산을 내지 않게 하시므로…"(신 11:16-17)

27

아비멜렉과 나오미 부부는 유다 지파의 땅에 속하는 베들레헴에서 흉년이 들자, 두 아들을 데리고 모압 땅으로 갔다. 풍년의 모압 땅이었지만 아무것도 얻을 수 없었고 나오미는 도리어 남편(아비멜렉)과 두 아들을 잃었다. 그 땅에서 며느리가 된 룻이라는 이방 여인만 남았다.

나오미는 값비싼 대가를 치르고 다시 유다 땅으로 룻을 데리고 왔다. 이 모든 일들은 하나님의 질서와 섭리 속에서 일어나고 있었다.

풍년의 땅 모압에서 남편도 없이 홀시어머니를 따라 흉년의 땅 이스라엘(베들레헴)로 오는 룻을 그려보았다. 분명 룻은 하나님 얼굴을 구하는 이스라엘 성전을 사모했을 것이라는 생각이 들었다.

> "…어머니께서 가시는 곳에 나도 가고 어머니께서 머무시는 곳에서
>
> 나도 머물겠나이다 어머니의 백성이 나의 백성이 되고
>
> 어머니의 하나님이 나의 하나님이 되시리니"(룻 1:16)

룻은 하나님께 은혜 입기를 원했고(룻 2:13) 어머니의 하나님, 이스라엘의 하나님 한 분으로 충분했다. 이스라엘 땅에 이방 여인 룻으로 인해 은혜의 단비가 내리고 등불이 밝혀지고 있었다. 하나님은 고된 삶을 경외함과 현숙한 여인(룻 3:11)으로 사는 룻에게 '기업 무를 자' 보아스를 만나게 하신다.

> "…나는 이방 여인이거늘 당신이 어찌하여 내게 은혜를 베푸시며
>
> 나를 돌보시나이까 하니"(룻 2:10)

보아스에게 룻이 반문하는 말이다.

이쯤에서 생각나는 또 한 명의 여인이 있다.

"…당신은 유대인으로서 어찌하여 사마리아 여자인 나에게 물을 달라 하나이까"(요 4:9)라고 사마리아 세겜의 야곱의 우물에서 예수님에게 반문하는 사마리아 여인이다.

그녀들의 고백엔 숨겨두었던 사랑과 믿음이 느껴진다.

"…개들도 제 주인의 상에서 떨어지는 부스러기를 먹나이다 하니"

(마 15:27)

가나안 여인의 목숨 건 사랑도 생각이 난다.

신구약과 유대인, 이방인을 넘나드는 진리의 기준 '믿음의 고백' 사랑이었다.

"마리아는 지극히 비싼 향유 곧 순전한 나드 한 근을 가져다가

예수의 발에 붓고 자기 머리털로 그의 발을 닦으니

향유 냄새가 집에 가득하더라"(요 12:3)

순전한 마리아가 예수님을 지극히도 사랑하고 있다. 시대를 거쳐 하나님 한 분으로 충분한 그리스도의 신부를 통하여 하나님 나라가 세워지고 있다.

보아스는 룻을 맞이하여 아내로 삼고 아들을 낳았다(룻 4:13).

그 아들(오빗)은 이새를 낳고 이새는 다윗을 낳았다(룻 4:21-22).

다윗의 나라, 하나님의 나라에 이방 여인 룻이 디딤돌이 되었

다. 신랑을 향한 신부의 사랑은 그 신랑이 머무는 곳에 함께 거하
려는 열망으로 알게 된다.

'당신 한 분이면 나는 행복합니다.'
그 신부의 열망이 그곳에 다윗의 나라, 하나님 나라를 세운다.
룻의 신앙이 나의 것, 우리의 것이 되기를 소망한다.

「주님,
당신께서 가시는 곳에 나도 가고
당신께서 머무는 곳에 나도 머물겠습니다. 아멘!」

7
작은 겨자씨 한 알

가정에서 예배를 드리는 작은 교회를 다녀왔다.

조이풀 교회에 다니시는 집사님의 소개로 증산(서울)에 있는 게스트하우스를 찾게 되었다. 1층 현관문으로 들어오는데 한국말 억양이 조금은 서툰 여자분이 말을 걸었다.

"혹시 일본에서 오신 선교사님이세요?"

일본에서 온 아는 동생이 같은 건물 2층에 살게 되어 자주 오는데 조이풀 집사님으로부터 며칠 후에 일본 선교사님이 오실 계획이라는 말을 들었다고 했다.

그녀는 일본에서 살던 교포인데 결혼을 하면서 한국에 살게 되었다고 했다.

그래서인지 일본에 있는 재일조선인의 억양과 비슷해서 놀랐다. 이야기를 하던 그녀는 집이 가깝다며 잠깐 다녀오겠다며 서둘러 나갔다.

10분 정도 지났을까,

초인종 소리가 나서 현관문을 열었더니 좀 전에 만난 그 여자분이었다.

양손에 무언가를 가득 들고는 "먹을 것이 없을 것 같아서 집에 있는 것을 좀 가져왔습니다"라며 정겹게 웃는다. 마스크를 했지만 착한 미소가 느껴졌다.

"감사합니다"라고 인사를 하고 봉지를 열어보니 크고 작은 감자, 참외 두 개, 크루아상, 모시떡이 소담하게 담겨 있다. 마음이 푸근해졌다. 이렇게 우리는 이웃이 되었다.

다음날 그녀는 직접 만들었다며 예쁜 마스크를 가지고 또 찾아왔다. 나는 얼마 전 출간된 책 『주님이 사랑하는 것을 사랑하고 싶었다』를 선물로 드렸다. '일본에 사는 재일조선인들에게 소망과 복음을 주시는 하나님 이야기'라고 했다.

그리고 며칠 뒤 초인종이 울렸다.

그 교포 여자분이었다.

다소 상기된 목소리로 책을 다 읽었다며 남편과 함께 만나자고 했다. 바로 길 건너편 상가 2층에 집이 있는데 남편은 그곳에서 가정교회를 한다고 했다. 우리 부부는 주일에 그 가정교회 예배에 참석하기로 약속을 했다.

주일 아침, 그 가정교회에 다녀왔다.

전날 사둔 자두를 가지고 갔다. 거실에는 아이, 학생 등 모두 합쳐 10명 남짓의 성도들이 찬양을 하고 있었다. 그들은 일본어로 찬양을 부르고 있었다.

몇 달째 일본으로 돌아가지 못하고 있는 우리는 일본어 찬양에 가슴이 뭉클했다. 말씀도 일본어로 통역했다. 일본 땅의 황무함을 보아 달라고 그 작디작은 자들이 기도했다. 그중에는 고사리 같은 두 손을 모은 일본 아이와 엄마도 있었다. 그리고 70년이 넘도록 그 땅에서 소외와 약함과 외로움과 상처를 지닌 조선인을 위로해 주시라고 기도를 했다.

'주님! 이렇게 일하시는군요.'
주님의 일하심은 항상 내 생각을 뛰어넘으신다.
예수님이 태어나신 말구유 같은 건물이다. 입구가 건물 뒤쪽에 조그맣게 있어 겨우 찾아 들어갈 수 있는 곳이다. 그 말구유 같은 교회 안에서 작은 자들이 예배를 드리고 있었다. 이 작은 자들의 기도가 저 하늘까지 울리고 있었다. "천국은 작은 겨자씨 한 알 같다"라는 말씀이 참 소망이 되었다.

"또 비유를 들어 이르시되 천국은 마치 사람이 자기 밭에 갖다 심은 겨자씨 한 알 같으니 이는 모든 씨보다 작은 것이로되 자란 후에는 풀보다 커서 나무가 되매공중의 새들이 와서 그 가지에 깃들이느니라"

(마 13:31-32)

「주님,
작은 겨자씨 한 알로 충분히 일하시고 있는 당신을 찬양합니다.
오늘도 열방의 작은 자들의 기도를 들으시는 당신을 찬양합니다. 아멘!」

8

광야에서 외치는 소리

　얼마 전에 출간한 『주님이 사랑하는 것을 사랑하고 싶었다』를 읽은
독자로부터 만나고 싶다는 연락이 왔다. 나는 함께 일본 땅에 있
는 조선인의 상황을 나누고 그 안에 있는 간절함을 기도할 수 있
으면 언제나, 어디든 달려간다. 독자는 자신이 예전에 알고 있던
'조총련'의 색깔이 전혀 드러나지 않고 그들과 잔잔하게 가족이
되어가는 삶이 감동이 되었다고 했다.

> "선지자 이사야의 책에 쓴 바 광야에서 외치는 자의 소리가 있어 이르되
>
> 너희는 주의 길을 준비하라 그의 오실 길을 곧게 하라 모든 골짜기가
>
> 메워지고 모든 산과 작은 산이 낮아지고 굽은 것이 곧아지고
>
> 험한 길이 평탄하여질 것이요 모든 육체가 하나님의 구원하심을 보리라"
>
> (눅 3:4-6)

일본 땅에 있는 조선인을 향한 하나님의 소망이 함께 자신의

소망이 된다며 기뻐하며 말했다. 그는 큰 교회에서 북한 선교부장으로 섬기고 있다고 했다.

그러자 내 마음에 이런 생각이 들었다.
'아~이젠 교회가 듣는구나! 그것도 이렇게 큰 교회라니….'
그런데 그는 아직 교회는 아니라고 말했다. 교회에서 함께 나누기는 어렵다고 했다. 순간 복음이 교회의 벽을 뚫지 못하는 것에 마음이 아팠다. 복음이 교회 안에서만 화려하게 머물러 있지 않고 뚫고 흘러넘쳤으면 좋겠다는 생각을 했다.
하나님의 소망이 나의 소망이 되었는데 그 소망을 외치는 것이 왜 이렇게 어려운 것일까?
아마도 '조총련'이라는 사상과 이념이 견고한 진이 되어 두꺼운 벽이 되었다는 생각이 들었다.
"오직 어떤 견고한 진도 무너뜨리는 하나님의 능력이라
모든 이론을 무너뜨리며"(고후 10:4)
사상과 이념이라는 모든 이론을 무너뜨릴 하나님의 능력이 있다.

그날 밤 위로의 주님은 내게 광야를 보게 하셨다. 광야에는 아무도 없었다. 번듯하게 서 있는 나무 한 그루도 없이 긴 침묵만이 있었다. 화려하지도 않았다. 주님은 이 광야에서 크게 외치는 소리를 듣고 계셨다. 두꺼운 벽 안에 있는 화려한 곳이 아니어도 괜찮다. 아무도 없는 곳이라도 기도하는 한 사람을 기다리고 계셨다. 주님은 그 한 사람 한 사람을 모으신다. 모아진 그 영혼들의 외침이 흘러 거꾸로 벽을 뚫고 그 안으로 들어갈 것이다. 그 복음으로 골짜기가 메워지고 굽은 것이 곧게 되고 모든 육체가 하나님의 구원을 보게 될 것이다.

하나님은 오늘도 화려하지 않고 아무도 없는 광야지만 그곳에서 외치는 자의 소리를 듣고 계신다. 이 기나긴 침묵을 깨는 외치는 자의 소리를 주님은 기다리고 계신다. 그 소리로 우리가 갖고 있는 모든 이론을 무너뜨리신다. 오늘도 광야에서 기도하는 한 사람으로 충분하다고 하신다. 그 은혜가 너무 감사하다.

「주님,
내가 광야에서 기도하는 한 사람이 되게 하소서!
한 사람 한 사람이 모아져서 교회 안에 머물고 있는
복음이 벽을 뚫고 흘러넘치게 하소서!
그래서 모든 골짜기가 메워지고 모든 산과 작은 산이 낮아지고
굽은 것이 곧아지고 험한 길이 평탄하여지게 하소서.
모든 육체가 하나님의 구원하심을 보게 하소서. 아멘!」

9
방주를 만들자

창세기 7장을 묵상했다.

"칠 일 후에 홍수가 땅에 덮이니"(창 7:10)

하나님이 얼마나 마음이 아프셨으면 그랬을까?

땅과 거기에 충만한 것과 세계와 그 가운데 사는 자들을 다 나의 것이라 말씀하신 그분이 처음으로 되돌리시려 비를 만드셨다.

'세상이 정말 그렇게 되겠어?'

의심하는 사람의 생각과 기준을 허무셨다. 하나님의 주권으로 의로운 한 사람을 택하여 그 사람으로 하나님이 명령하신 것을 하게 했다. 그 사람은 하나님의 마음을 알았기에 순종하였다.

가장 작지만 완전한 것들을 택하여 살리심으로 이 세상을 다시 구원하실 계획을 알게 했다.

전 세계가 코로나를 앓고 있다.

하나님이 얼마나 아프셨으면 코로나를 만드셨을까? 아니 허락하셨을까?

하나님이 처음으로 되돌리시려 온 세계를 노아 시대처럼 바이러스로 덮으시고 있다고 생각했다. "내가 하겠으니 구원이 어떻게 이루어지는지 보라"라고 하시는 것 같다.

하나님의 일이 이루어지지 않고 세상은 멈춰 있는 것 같다.

7장을 읽다 보니 방주에 노아와 가족, 하나님이 타라고 한 모든 생물들이 다 탔는데 하나님이 금방 비를 내리지 않으셨다. 칠 일이 지나고 비를 만드셨다.

칠 일 동안 무슨 일이 일어났을지 생각해 보았다.

노아와 가족은 하나님의 마음을 알았기에 예배하며 그때를 기다렸을 것이다. 하지만 방주 밖의 사람들은 방주 안의 사람들을 어리석은 자들이라고 손가락질하며 하나님이 없다고 하는 모습이 그려진다. 하나님은 칠 일이라는 완전하고 충분한 시간을 허락하셨다. 칠 일 동안에 방주의 문을 열어 달라고 간절히 기도하는 사람을 구원하고자 하신 것은 아닐까?

방주 안에는 하나님을 사랑하는 노아 가족과 생물들이 있었다. 하나님을 신뢰함으로 칠 일 동안 예배하고 있었다. 지금은 열방이 코로나로 예배를 드리기가 힘들어지고 있다고들 말한다.

주님은 방주 안에서의 예배로 충분하시다.

노아처럼 하나님을 신뢰함으로 방주를 만들어 보자. 내가 예배하는 곳이 방주 안이 되면 좋겠다. 작아도 괜찮으니 전신갑주를 입은 것처럼 튼튼하게 만들자. 오직 주님으로만 충분한 곳으로 만들자.

주님은 그곳을 진정으로 사모하며 들어오는 자를 기다리고 계신다. 칠 일이 지나면 온 지면을 쓸어버리신다. 하나님을 사랑하여서 그 마음을 알고 방주로 들어오기를 기다리신다.

밖에 있지 말고 안으로 들어와 나와 함께 있자고 하신다. 방주 안에 있으면 그것으로 충분하다고 하신다.

"너희들은 제발 나만 사랑하면 안 되겠니?"라고 물으시는 것 같다. 모든 구원은 주님께서 이루겠다고 하신다.

「주님은 하늘에서 사람을 굽어보시면서 지혜로운 자가 있는지 당신을 찾는 자가 있는지 살펴보신다 하셨지요?
주님, 나를 거룩하게 하시고 당신만 구하는 삶 되게 하소서. 아멘!」

함께 춤을 추고 싶다

하나님이 풍성한 잔치를 여셨다. 그리고 청하였던 자들에게 종(예수님)을 보내셨다.

"어떤 사람이 큰 잔치를 베풀고 많은 사람을 청하였더니 잔치할 시각에

그 청하였던 자들에게 종을 보내어 이르되

오소서 모든 것이 준비되었나이다 하매"(눅 14:16-17)

"어서들 오세요. 그분이 베푸는 온갖 맛있는 음식이 있어요. 모두 함께 기쁨의 춤을 추어요."

그러나 초청받은 자들은 핑계를 대었다. 잔치에 관심이 없었다.

"나는 밭을 샀으매 아무래도 나가 보아야 하겠으니 청컨대

나를 양해하도록 하라 하고

또 한 사람은 이르되 나는 소 다섯 겨리를 샀으매 시험하러 가니 청컨대

나를 양해하도록 하라 하고 또 한 사람은 이르되 나는 장가 들었으니

그러므로 가지 못하겠노라 하는지라"(눅 14:18~20)

　이들은 이미 청함 받은 자들이다.
　교회를 알고 예수님을 믿는다고 하는 사람들이다. 교회에 다니
지만 지금은 내 상황과 환경이 순종할 수 없으니 내가 편한 시간
에 하겠다고 말하는 것이다. 어떤 나쁜 마음이 있는 것은 아니다.
단지 지금은 갈 수 없다는 것이다. 이것이 얼마나 엉터리인지, 그
리고 엉터리라는 사실조차 깨닫지 못하고 있는지 생각해 본다.

　예수님이 말씀하신다.
　"길과 산울타리 가로 나가서 사람을 강권하여 데려다가 내 집을 채우라
　내가 너희에게 말하노니 전에 청하였던 그 사람들은
　하나도 내 잔치를 맛보지 못하리라"(눅 14:23~24)

　길과 산울타리 가로 가서 그곳에 있는 자들을 데려다가 잔칫집
을 채우라고 하신다. 그들은 청함 받지 않았기에 이런 잔치 자리
를 모르고 있다. 그들에게 가서 잔치가 있다고 알리라고 한다. 이
미 청함 받은 자들은 잔치에 대한 설렘이 없었다.

　"소금이 좋은 것이나 소금도 만일 그 맛을 잃으면 무엇으로 짜게 하리요"
　(눅 14:34)
　잔치에 설렘이 없는 자들에게 주님이 하시는 말씀이다.
　주님은 잔치의 맛을 알고 맛을 내는 삶을 원하신다. 그리고 주

님은 내게 "그곳에 가서 그들을 데려오면 좋겠다. 내 잔치가 더 풍성하면 좋겠다. 많은 사람들과 함께 춤을 추고 싶다"라고 말씀하신다. 그러나 그들은 청함 받지 않았기에 스스로 올 수가 없다.

> 「주님,
> 길과 산울타리 가에 있는 자들에게 나를 보내주소서!
> 그들에게 주님이 여신 풍성한 잔치 자리가 있다고
> 소리치게 하소서!
> 그들이 주님이 여신 잔치에 열렬히 참여해서
> 베푸신 온갖 음식을 맛나게 먹게 하소서. 아멘!」

11

손에 못 박히면서 사랑하시고

일본 도쿄에서 자동차를 타고 남쪽으로 4시간(총알 열차로는 2시간) 정도를 내려오면 장어덮밥으로 유명한 '나고야' 시가 있다. 그곳에서 차로 30분 정도를 더 가면 자동차로 유명한 작은 도시 '토요타'가 있다. 우리 가족은 그곳에서 5년을 살았다.

토요타(豊田)는 원래 '고로모'(拳母)라는 이름이었는데 토요타 자동차가 유명해지면서 지역 이름도 바뀐 것이다. 유명한 자동차 회사가 있어서인지 외국인 근로자도 많이 살고 있었다. 이들은 약속이나 한 듯이 한 곳에 집단을 이루어 살았다. 일본이지만 일본 같지 않은 조금은 방치된 느낌의 동네였다.

우리 가족이 일본에서 처음 살게 된 곳이었다.
그곳은 하나님이 허락하신 최고의 집이고 지역이었다. 처음엔 잘 몰랐다. 허락하심에 순종했을 뿐이다. 아이러니하게도 그곳에서 한국인은 우리 가족뿐이었다. 하나라서 외로웠지만 또한 하나라서 충분했다. 나중에 알게 된 사실은 한국인 주재원들도 많이 있지만 인근 나고야, 오카자키 등 조금 더 큰 도시에서 살고 있었다. 우리는 그곳에서 조선인 한 가족을 아주 극적으로 만났다.

그들은 "조선 사람입니다"라는 소리 한번 내지 못하고 일본인 인척하며 살고 있었다. 외로운 우리는 외로운 그들과 금방 친한 친구가 되었다.

하나님의 작전이었다.
언어가 통하니 얼마나 좋은지…. 두려움이 있어도 그 만남에 순간순간을 순종하게 하신 은혜에 감사할 뿐이었다.
그들은 할아버지의 아버지 때부터 70년이 넘는 세월을 외롭게 살고 있었다. 외로운 그들에게 먼저 친구가 되어주라고 주님께서 우리 가족을 보낸 것이었다.
'당신들은 더 이상 외롭지 않아요.
정말 더 좋은 친구 예수님이 있어요'.

남한도 북한도 아닌 조선 사람으로 살고 싶다는 것이 왜 그리 힘이 드는 삶이 되었는지….
머리에 커다란 빨간 뿔이 달렸다고 하며 아무도 친구가 되어주질 않는다.

"무수한 어떤 이론도 주님 사랑으로 무너뜨릴 수 있다"라고 주님이 말씀하신다. 손에 못 박히면서 사랑하시고, 그 못을 박는 사람들을 사랑하시는 주님의 그 사랑이다. 주님은 내게 "너희는 가서 그들과 그 사랑을 나누는 친구가 되어주라"라고 하셨다. "단지 그러고만 있어도 된다"라고 말씀하셨다.

「주님,
70년을 넘게 외롭게 사는 그들에게 많은 친구가 만들어지게 하소서!
그 친구로 더 좋은 친구를 만나게 하소서!
주님은 손에 못 박히면서 사랑하시고 그 못을 박은 사람들을
사랑하시는 친구입니다. 아멘!」

12
형식이와 기준이

"일본 선교 간다고 아빠가 사준 시계인데….."

한 아이가 우리(조선)학교 교문 밖에서 시계를 만지작거리며 애써 무언가를 참고 있었다. 순회선교단 빛의 열매학교 아이들은 모든 일정을 마치고 숙소로 돌아왔다. 내일이면 한국으로 돌아간다.

빛의 열매학교 아이들이 우리학교 아이들을 만나러 왔었다. 우리말로 이야기를 하니 어색함도 잠시, 아이들은 금세 친구가 되어 뛰어다니며 놀았다.

우리학교 아이들은 축구를 참 좋아한다. 함께 팀을 이루어 축구를 할 수 있는 친구들이 많아지자 운동장은 아이들 웃음소리로 가득했다. 운동장 한쪽에서는 여자아이들이 잡기 놀이를 하며 즐거워했다. 아이들을 지켜보는 선생님들 얼굴에서 미소가 떠나질 않았다. 나는 아이들 웃음소리와 함성으로 가득한 학교가 너무 좋았다. 아이들에겐 이론도 없고 어떠한 편견도 없다. 그저 친구일 뿐이다.

우리학교 아이들과 헤어지는 시간, 아이들은 자꾸 눈물이 나는지 울었다. 이산가족이 만났다가 헤어지는 모습 같았다. 아이들이지만 우린 같은 민족이라는 것을 아는지, 아이들은 서로 애틋했다. 또 놀러 오겠다고 약속을 하며 서로 안고 눈물을 연신 닦아냈다.

그날 밤 숙소로 돌아온 기준이가 말했다.

"형식(우리학교 친구)이가 빅뱅을 좋아한다며 노래를 불렀는데 나는 잘 몰라서 듣고만 있었어요. 그런데 그것이 너무 미안했어요. 그리고 예수님 이야기를 못 해서 너무 마음이 아파요."

기준이는 형식이에게 마음을 다해 편지를 썼다. 그리고 가장 좋아하는 옷이라며 입던 것을 벗어 주었다. 지퍼를 끝까지 올리면 머리까지 다 가려져서 스파이더맨이 되는 옷이다. 그리고 일본에 선교간다고 아빠가 사준 시계를 형식이 손목에 채워주고 싶었는데 못했다며 꼭 같이 전해달라고 했다.

며칠 후 운동장에서 외발자전거를 타는 형식이를 만났다. 친구의 사랑을 입은 형식이 눈가가 촉촉해 보였다. 그리고 '이것이 주님이 말씀하신 거룩이 아닐까?'라는 생각이 들었다. 누군가의 행복을 위해서 나의 행복을 희생할 수 있는 것, 그것이 사랑이고 기뿐이다.

"오직 너희를 부르신 거룩한 이처럼 너희도 모든 행실에

거룩한 자가 되라"(벧전 1:15)

기준이가 다녀가고 몇 년이 지난 오늘 한 통의 전화가 걸려왔
다. 기준이 할머니였다.

"기준이가 보았고, 그리고 마음에 심어진 그 아이들을 위해 함
께 기도하고 있어요."

「주님,
누군가의 행복을 위해 나의 행복을 희생할 수 있는
거룩한 삶을 만들어가게 하소서. 아멘!」

13
조 권사님

처음 우리학교 아이들을 만나고 그들과 친구가 되고 싶은데 방법을 몰라서 갈팡질팡할 때였다. 홀로 아들 둘을 키우고 있던 조 권사님은 그들과 좋은 친구가 되도록 기도로 돕겠다고 하셨다.

일천 번제 예배를 드리면서 '조선'에 마음과 물질을 드렸다.

그러던 어느 날 「마지막 예배를 드렸습니다」라는 제목의 이메일이 도착했다. 나는 한걸음에 달려가 조 권사님을 찾아뵈었다. '과부의 두 렙돈을 기쁘게 받으셨던 주님! 작은 자로 충분히 일하신 주님!'을 생각하며 맛있는 식사를 나누며 서로 응원하고 싶어서였다.

그 후 몇 주가 지나고 조 권사님으로부터 한 통의 전화가 걸려왔다. 카페에서 만난 권사님은 얼굴이 다소 야위어 보였다. 하나님께서 금식을 하라는 감동을 주셔서 3일 금식을 했다고 하셨다.

유례없는 긴 장마가 끝나고 찜통더위로 힘든 날들이었다.

그런데 하나님이 자꾸 우리 부부를 생각나게 하신다고 했다.
"하나님 제가 무엇을 기도하기를 원하시나요? 구체적으로 말씀해 주세요. 일본을 위해서요? 조선학교를 위해서요? 조선을 위해서요?"라고 묻자 "아무것도 말고 그 부부를 위해서 기도해라"라고 말씀하셨다고 했다. 그리고 만나서 꼬~옥 안아주라는 감동도 받았다고 했다. "주님은 다른 어떤 것이 아닌 두 분을 위해서 기도하라고 하셨어요"라며 눈물을 흘리셨다. 우리는 함께 울었다.

사실 권사님을 만나기 전에 내 마음이 이랬다.
'무언가 펼쳐지리라 기대했던 모든 기대가 산산이 부서진 마음, 하나님은 지금은 내게 무관심한 것 같고 냉정하시다. 약속을 깨는 자요….'
잘하는 척, 잘 지내는 척했는데…. 주님께 전부 들켰다.
그래서 다행이다.

「하나님이여,
나를 살피사 내 마음을 아시며 나를 시험하사 내 뜻을 아옵소서.
내게 무슨 악한 행위가 있나 보시고
나를 영원한 길로 인도하소서. 아멘!」

14
잃어버린 가방

언젠가 장마 즈음 가방을 잃어버렸다가 찾는 사건이 있었다.

저녁 시간쯤 비가 쏟아붓듯이 내리고 있었고 나는 대전에 사는 친정엄마 집으로 가는 길이었다. 반년이 넘도록 정한 곳 없이 살고 있기에 캐리어와 배낭, 챙겨야 할 짐들이 많았다. 중요한 것들은 작은 가방에 전부 넣어 어깨에 메고 있었다.

비가 너무 많이 내리기에 차에서 내리자마자 급하게 뛰려는 마음이 강한 탓이었을까? 집에 도착해서 보니 어깨에 메고 있는 줄 알았던 작은 가방이 보이질 않았다.

'어디서 떨어진 것일까?'

가방 안에 들어있는 핸드폰으로 전화를 했지만 소용이 없었다. 잃어버린 가방을 찾기 위해 몇 시간을 정신없이 헤매고 뛰어다니다가 문득 이런 생각이 들었다.

'고작 가방 하나에 내 심정이 이런데 자녀를 잃어버린 어미의 심정은 어떨까?'

자정이 다 된 시간 나는 잃어버린 가방을 찾았다. 어디에나 있는 한국 CCTV의 놀라운 힘 덕분이었다. 처음부터 내 것이었는데 다시 찾은 가방은 기쁨 그 자체였다.

예수님이 해주신 인상 깊은 이야기인 탕자의 비유는 잘 알고 있는 말씀이다. 아들을 잃어버린 슬픔 후에 그 아들을 다시 찾았을 때의 아버지의 기쁨이 잘 표현되어 있다. 모두가 탐탁지 않게 여긴 아들이지만 아버지에게는 소중한 존재이고 돌아온 것에 기뻐하며 잔치를 열어 축하해 주는 아버지만의 사랑이 잘 나타나 있다.

예수님은 왜 이런 비유를 이야기하셨을까?

하나님 아버지의 마음을 알려주고 싶은 것이었다고 생각한다. 이 땅에 있는 모든 것은 태초부터 하나님의 것이다. 그분이 직접 만드신 그분의 원형이다.

그러니 얼마나 소중하고 사랑스러우실까?

이처럼 소중하고 사랑스러운 것을 여기저기에 잃어버리셨다. 그 잃어버린 하나를 애타게 간절히 찾고 계신다. 그리고 그 하나가 되돌아올 땐, 잔치가 벌어진다. 나는 처음부터 내 가방인 것을 다시 찾은 것뿐인데 그 기쁨은 어디에도 비할 수가 없었다.

"너희 생각에는 어떠하냐 만일 어떤 사람이 양 백 마리가 있는데

그 중의 하나가 길을 잃었으면 그 아흔아홉 마리를 산에 두고 가서

길 잃은 양을 찾지 않겠느냐 진실로 너희에게 이르노니 만일 찾으면

길을 잃지 아니한 아흔아홉 마리보다 이것을 더 기뻐하리라"(마 18:12-13)

오늘도 그분은 잃어버린 자녀 하나를 애타게 찾으신다. 하나님은 다른 어떤 것이 아닌 잃어버린 그 자녀 하나를 찾으신 것으로 너무도 기뻐하신다. 사랑하는 그분 옆에서 함께 찾고 싶다. 무엇이라도 도움이 되고 싶다.

"이와 같이 죄인 한 사람이 회개하면 하나님의 사자들 앞에

기쁨이 되느니라"(눅 15:10)

「주님,
당신이 찾으시는 것 저도 함께 찾겠습니다.
무엇이라도 돕겠습니다. 아멘!」

15
내게 '조선'이어야만 하는 이유

처음 토요타에서 살 때 조선인 한 가족을 만나 친구가 되었다. 김치와 고추장을 좋아하고 우리 한글을 좋아하는 같은 민족이라는 것이 좋았다. 굳이 차이점이라면 그들은 오랜 시간 일본 땅에서 이방인으로 살고 있었고, 우리 가족은 그때 막 일본 땅에 적응하려는 얼마 안 된 이방인이었다는 것이다. 언젠가 누군가가 물었다.

"선교사님은 그들을 만날 때 두렵지 않았어요?"

두려움이 없었다면 거짓말이다. 어릴 때부터 받아온 교육, 그리고 그들에 대한 사상과 이념이 있었기에 그들을 만나기 전부터 약간의 두려움이 앞섰던 것은 사실이다. 그럼에도 그들을 만나는 것이 설레었고 행복했다. 이것은 내 힘이 아닌 강력한 어떤 힘에 의한 것이었다.

그러던 어느 주일 새벽에 꿈을 꾸었다.

내가 임신을 해서 배가 부른 모습이었다. 그 모습이 너무 생생해서 꿈에서 깬 후에도 한참 동안 멍하니 배를 보며 앉아 있었다.

그리고 몇 개월이 지난 후 이스라엘에 가게 되었다.

첫날 저녁 예배를 드리기 위해 앉아 있었다. 히브리어로 막 찬양이 드려지는데 내 몸이 이상해졌다. 갑자기 눈물이 몰려와 이유도 없이 한참 동안 쉬지 않고 눈물을 흘렸다. 내가 왜 울고 있는지 이유도 몰랐다.

그러더니 내 배 속 저 아래에서 무언가 계속 꿈틀거리는 게 느껴졌다. 무척 크고 무겁다는 생각이 들었다. 아이를 임신하고 막 달쯤의 태동, 꼭 그런 느낌이었다.

순간 '이게 뭐지? 주님이 무언가를 하시는구나!'라는 생각이 들었다. 그 크고 묵직한 것이 내 배 속 깊은 곳에서부터 세상으로 나왔다. 아이를 낳아 본 어머니라면 알 것이다. 그것이 어떤 느낌인지를….

"조선이다"라는 음성과 함께 처음 원형 그대로의 조선이 보였다. 하나님의 사랑으로 가득한 조선은 빛이 나고 있었다. 조선은 그 자체가 하나님의 영광이었다. 그분의 영광 앞에선 황홀함은 솔직히 표현하기가 어렵다.

나는 그렇게 조선을 만났다. 하나님은 우리에게 상황과 환경이 어떠할지라도 그 뜻하신 바를 잉태케 하시고 힘든 구로의 시간을 거쳐 마침내 그 뜻을 낳게 하신다.

난 야곱이 하나님과 씨름하는 모습을 자주 생각하곤 한다.

"당신이 내게 축복하지 아니하면 가게 하지 아니하겠나이다"(창 32:26)

이쪽으로도 가보지 않고, 저쪽으로도 가보지도 않고 하나님만 붙잡고 있는 야곱이다. 어떻게든 하나님의 복을 받아야겠다는 야곱의 신앙이다. 야곱은 하나님과 싸워서 이겼다. 그렇기에 사람하고는 씨름하지 않았다. 이 야곱의 신앙으로 후손들이 가나안 약속의 땅으로 인도받게 된다.

"여호와여 주께서 주의 땅에 은혜를 베푸사

야곱의 포로 된 자들이 돌아오게 하셨으며"(시 85:1)

현실의 우리 민족은 남과 북으로 나누어져 있다, 그리고 아직도 일본 땅에 독립이 안 된 우리 민족, 조선이 있다. 그럼에도 이미 우리 민족은 하나님의 영광임을 보게 하셨다. 하나 된 원형 조선이다. 그것을 보았기에 결코 빼앗길 수 없다. 나는 생각했다. '당신이 내게 축복하지 아니하면 당신을 가게 하지 아니하겠습니다'라고.

> 「주님,
> 내게 우리 민족의 영광을 보여주셨습니다.
> 우리 민족을 축복하실 때까지 당신을 가게 하지 아니하겠습니다.
> 우리 조선의 신부들이 일어나게 하소서. 아멘!」

16
사막이 백합화같이

나는 일본에서도 아름답기로 손꼽히는 도시 고베(神戶)에 살고 있다.
고베는, 한자로 풀면 '하늘의 문'(출입문)이라는 뜻이다. 앞에는 바
다가 펼쳐져 있고 뒤에는 롯코산(六甲山)으로 둘러싸여 있는 작은
항구도시이다.

산세가 어찌나 크고 아름다운지 많은 등산객과 관광객이 찾는
유명한 곳이다. 이곳에서 내가 정말 놀랐던 것은 울창한 나무 숲
속에 광활하게 펼쳐져 있는 십자가 묘지다. 일본인도 잘 모르는
순교자들의 무덤이다.

일본에 살다 보면 이 나라에서는 예수님이 참 인기가 없다는
것을 알게 된다. 크리스마스는 산타 생일이라고 알고 있는 사람
도 많다. 오히려 천황(天皇)의 생일이 이들에겐 크리스마스 같다.
그런데 이 땅 곳곳에 너무 가슴 아픈 순교의 피가 절절히 흐르고

있다. 일본인도 잘 모르는 기독교 흔적이 여기저기 많이 있다.

　프란치스코 자비에르 선교사가 1549년 규슈(九州) 남부의 가고시마(鹿児島)에 상륙하면서 일본 땅에 복음이 시작된다. 하지만 복음이 심어진 지 40여 년 만인 1597년 도요토미 히데요시(豊臣秀吉)의 금교령이 선포된다. 고베에서 차로 1시간 정도 거리의 교토(京都)에 가면 시내 중심가를 흐르는 긴 하천이 있다. 그 하천 끝 한쪽 아무도 들어가지 않을 것 같은 풀숲에 작은 돌 하나가 세워져 있다.

　처음 봤을 때 쓸쓸하고 버려졌다는 느낌이 들었다. 그곳에서 기독교인들을 화형 시킨 사건을 후대에 전하려고 세운 돌이다. 화형을 당한 기독교인 중에는 배 속에 아이를 가진 여인도 있었다고 한다.

　교토와 오사카(大阪)에서 복음을 전하던 선교사 등 26명이 체포되었던 사건도 있었다. 이들은 한겨울 귀와 코가 잘린 채로 1,000km 이상을 끌려와 나가사키(長崎)에서 십자가에 달려 순교를 당했다.

　나가사키 히라도(平戸)에는 1587년 6월 19일에 발령된 도요토미 히데요시의 선교사 추방령 원본이 전시되어 있다. 기독교인을 고발하는 사람에겐 상을 주고 다섯 가정을 엮어 서로 감시하게 했다고 한다.

예수님 그림을 밟고 지나가는 '후미에'(踏み絵)를 시행해서 기독교인을 찾아내기도 했단다. 전 국민에게 강제로 절에 신자로 등록하게 해서 신자 생활 관리를 받게 했고 기독교와 관련된 것은 그 어떤 것도 허용하지 않았다. 결국 기독교인은 사라진 것처럼 보였다.

1860년대 후반 기독교 박해가 없어졌다.

그런데 놀라운 것은 기독교인들이 사라졌을 것이라고 생각했으나 결코 사라지지 않았다는 것이다. 억압되고 갇힌 사회에서 7대 이상 신앙을 지켜온 이들이 평생을 살고 있었다. 철저한 박해 속에서도 하나님의 은혜는 멈추지 않았다. 당시 그렇게 바알에게 무릎 꿇지 않은 기독교인이 나가사키에만 2만 명에 달한다고 보고되었다. 이 땅에도 거룩함으로 남은 자가 있었던 것이다.

> "그 중에 십분의 일이 아직 남아 있을지라도 이것도 황폐하게 될 것이나
> 밤나무와 상수리나무가 베임을 당하여도 그 그루터기는
> 남아 있는 것 같이 거룩한 씨가 이 땅의 그루터기니라"(사 6:13)

지금도 나가사키에 가면 1,500년대 후반부터 250년간 기독교인들이 숨어 지낸 집 11곳과 성당 1곳을 볼 수 있다. 일본인도 모르는 이 기독교의 흔적이 세계문화유산에 등재되어 있다.

이토록 구원을 염원했던 자녀들에게 아버지 하나님은 침묵하시는 걸까?

하나님은 이 땅에 흐르는 순교의 피를 잊으셨을까?

"광야와 메마른 땅이 기뻐하며 사막이 백합화 같이 피어 즐거워하며

무성하게 피어 기쁜 노래로 즐거워하며 레바논의 영광과 갈멜과

사론의 아름다움을 얻을 것이라 그것들이 여호와의 영광

곧 우리 하나님의 아름다움을 보리로다"(사 35:1–2)

「주님,
이토록 구원을 염원했던 이 땅의 자녀들을 기억하소서.
이 땅에 흐르는 순교의 피를 기억하소서.
일본 땅이 우리 하나님의 아름다움을 갈망합니다. 아멘!」

17
와~ 이리 좋노

나는 "하늘에 있는 것이나 땅에 있는 것이 다 그리스도 안에서 통일되게 하려 하심이라"(엡 1:10)라는 말씀을 하루에도 몇 번을 읊조린다.

하나님은 다 하나가 되기를 원하신다. 하지만 지금 이 시대는 너무 분열이 많다. 사탄(마귀)은 그들과 맞서 싸워야 할 하나님의 자녀들조차도 갈라지게 하고 있다. 사탄은 모든 수단을 다 동원해서 모든 것을 갈라지게 하고 있다. 우리의 하나 됨은 하나님 나라의 성이 완성되고 사탄의 성이 무너지기 때문이다.

"이 땅을 위하여 성을 쌓으며 성 무너진 데를 막아 서서

나로 하여금 멸하지 못하게 할 사람을

내가 그 가운데에서 찾다가 찾지 못하였으므로"(겔 22:30)

하나님은 이 땅을 위하여 성 무너진 곳을 막아서는 사람을 찾

고 계신다. 무너지고 갈라진 틈에 서는 자가 되길 원하시며, 그곳에 사랑을 심는 사람들을 찾고 있다.

예수님은 먼저 수가 성 사마리아 여인을 찾아가셨다. 이 여인은 여섯 남편을 거치는 힘든 삶 속에 매일 야곱의 우물에 와서 물을 긷는 여인이었다.

"…당신은 유대인으로서 어찌하여 사마리아 여자인 나에게

물을 달라 하나이까…"(요 4:9)

당시 유대인은 사마리아인과는 상종하지 않았다. 예수님의 걸음은 이 여인과 그 땅에 목마르지 않는 영원의 샘물을 허락하셨다.

하나님의 성은 예수님이 가셨던 걸음처럼 모든 상황을 깊이 공감하며 너그러이 사랑하는 그 사랑에 의해 세워진다. 사랑으로 하나가 되도록 돕는 것이 우리가 해야 할 사명이다.

"화평하게 하는 자는 복이 있나니 그들이 하나님의 아들이라

일컬음을 받을 것임이요"(마 5:9)

2019년 여름, 한동대학교 기숙사 복도에서 늦은 밤 아이들의 웃음소리가 떠나질 않았다.

"와~ 이리 좋노."

우리학교에 다니는 초등학교 1학년 아이가 덩실덩실 춤을 추며 한 말이다. 교회와 기독교인들의 섬김을 받으며 우리학교 아

이들과 엄마들이 한국 여행을 하고 있었다. 몇 날을 같이 먹고 자며 우리는 식구가 되어 가고 있었다. 한국의 배달 문화를 경험하게 하고 싶어서 늦은 밤 치킨 파티를 열었다. 그때 "와~ 이리 좋노"라는 아이의 말 한마디에 가슴이 찡해지면서 더 행복한 밤이 되었다.

'하나가 된다는 것'은 이런 것일까?

모든 생각의 차이를 넘어 치킨 하나로 모두가 웃고 행복한 것일까?

이 밤 사랑이 흐른다. 사랑 하나로 모든 것이 덮인다. 함께 치킨을 마음껏 먹을 수 있는 세상이 오길 기도했다. 어디에 서 있든 그 땅의 갈라진 틈에 서서 화해의 씨앗을 뿌리는 사람이 되기를 기도했다.

「주님,
무너지고 갈라진 틈에 서 있는 한 사람이 되고 싶습니다.
그곳에 화해의 씨앗을 심는 사랑이 되게 하소서. 아멘.」

18

단나상입니까?

처음 일본 생활을 시작하고 몇 개월이 지난 후 나는 아르바이트를 시작
했다. 언어가 불가능하기에 일본어를 잘 못 해도 가능한 일을 찾
았다. 일본에는 일본 김치가 있다. 우리나라의 대표적인 발효 식
품인 김치하고는 재료와 만드는 방법이 완전히 다르다. 다시마,
소금, 간장에 절여 '츠케모노'(채소를 절인 저장 음식)의 한 종류로 먹
고 있다.

내가 아르바이트를 시작한 곳이 일본 김치를 만드는 곳이었다.
일본 음식에 관심이 있었던 나는 일본 김치 만드는 법도 배울 겸
일을 시작했다.

출근할 때는 회사 차가 운행되었다. 그러나 퇴근할 때는 직원
마다 일이 끝나는 시간이 달랐기에 남편이 마중을 와야 했다. 그
때 우리 부부는 일본어를 제대로 알아듣지 못해 어려움을 겪는

일이 일어났다.

첫날, 일을 마친 내게 김치공장 '부쵸'(부장)가 "단나상가 무카에니 쿠루카라 오마치시떼구다사이"(남편이 데리러 올 테니 기다리세요)라고 말했다.

나는 생각했다. 일본에서는 이름 뒤에 '상'이 붙으면 우리나라의 '○○씨'라는 뜻이니 '단나라는 사람이 나를 데리러 올 것이다'라고 생각했다. 한참을 기다렸다. 지나가던 부장은 "아직도 단나상이 안 왔냐?"라고 하며 그냥 지나갔다.

연말을 앞둔 추운 겨울날이었다.
차에서 내리는 사람들에게 "혹시 단나상입니까?"라고 물으니 오히려 나를 이상하게 쳐다보곤 가버렸다. 몇 시간을 발을 동동 구르며 그렇게 "단나상"만을 외치며 간절히 기다렸다. 해는 지고 캄캄해졌을 때 남편이 눈시울이 붉어져서 왔다. 나도 참았던 눈물이 주르륵 흘렀다. 드디어 '단나상'이 온 것이다.
일본어로 '단나상'은 우리말 '남편'이었던 것이다. 일본인들이 들을 때 어떤 여자가 "단나상? 단나상?"이라며 묻고 다니니 얼마나 웃겼을까? 하지만 내게는 너무도 슬픈 상황이었다.

이 에피소드는 해외 초년생이라면 누구나 겪을 수 있는 일이다. 이 기다림에는 처음부터 초점이 잘못되었다. 단나상이 남편인 줄 알았다면 여기저기 뛰어다니며 단나상을 찾느라 헤매지 않았을 것이다. 그리고 어떻게든 전화가 있는 곳을 찾아서 남편에게 전화를 했을 것이다. 일부러 그런 것은 아니지만 잘못된 집중으로 어려움이 있던 날이었다.

이 사건은 내게 많은 생각을 하게 했다.
그리고 올바른 집중이 중요하다는 것을 깨닫게 했다. 오늘도 나는 내게 언제나 올바른 예수님을 놓치지 않으려 발버둥 친다.

다니엘은 나라(남 유다)를 빼앗기고 바벨론의 포로가 되었지만 늘 하나님께 집중했다.
왜 나라를 빼앗겨서 이런 포로 된 삶을 살아야 하는지 불평하며 자신의 환경에 집중하거나 하나님께서 자신을 구해주시길 기다리는데 집중하지 않았다. 오로지 하나님께만 집중했다. 그러기에 다니엘이 끌려온 나라 바벨론은 더 이상 바벨론이 아니었다. 하나님의 나라가 되었다.

나는 조선인들이 바벨론(일본)에 집중하지 않기를 기도한다.
왜 우리 할아버지는 일본 땅에서 살 수밖에 없었을까?
왜 우리들의 삶은 고단해야만 살 수 있을까?
우리 아이들의 미래도 나와 같을까?

이것이 우리 조선인들의 외침이다. 나는 모든 의문의 외침을 내려놓고 아버지이신 하나님께 뜻을 청하는 백성이 되기를 기도

한다. 환경과 상황에 매인 잘못된 집중으로 포로 된 자로 살지 않기를 기도한다.

조선인들, 그들이 이 땅 일본에서 예배할 때 이곳은 더 이상 바벨론이 아니라 하나님의 나라가 될 것이다.

"그런즉 너의 하나님께로 돌아와서 인애와 정의를 지키며

항상 너의 하나님을 바랄지니라"(호 12:6)

「주님,
내 삶의 상황과 환경에 매인
잘못된 집중으로 포로 된 자의 삶을 살고 있지 않은지요.
하나님께 집중하여 그 어디나 하나님 나라 되게 하소서. 아멘!」

19
가서 너도 그렇게 해라

시장에 가서 계란을 사가지고 왔다.

냉장고에 계란을 한 알 한 알 넣던 남편이 말했다.

"냉장고에 가득 차 있는 계란을 보면 그때가 너무 미안해져."

우리 부부가 청년이었던 때의 일이다. 우리는 시장 한 모퉁이에 방 하나를 얻어 두 자녀와 함께 살고 있는 전도사님 가정에 자주 놀러 갔다. 전도사님은 내 아버지 나이쯤이셨는데 늦게 신학교에 가서 늦은 나이에 전도사가 되셨다. 그 집 가까이에 생선가게가 있었는데 방안에 생선 비린내가 가득했던 기억이 있다. 남편은 전도사님 집 냉장고에 계란이 가득히 들어있는 것을 보고는 판단했던 모든 것이 너무 죄송하고 부끄럽다고 했다.

남편에게 이야기를 듣고 있노라니 뭐 그렇게 잘못한 일, 나쁜 일을 한 것은 아니지만 충분히 공감이 가는 감정이었다. 아무도

69

모르는, 오직 주님과 나만 아는 지극히 주관적인 판단의 마음….
좋은 마음이 아닌 나쁜 마음이다. 주님은 교묘히 판단하는 나쁜
마음을 지적하시면서 마음을 좋게 하는 것이 사랑이라고 하신다.

어떤 사람이 예루살렘에서 여리고로 가는 길에 강도를 만나 거
의 다 죽게 되어 누군가의 도움이 절실했다.
예수님은 강도 만난 자에게 첫 번째 비유로 제사장을 이야기하
신다. 어려움에 처한 사람을 도와야 된다고 가르치는 제사장은
어떻게 할까 지켜보았지만 그냥 지나갔다.
두 번째도 곤경에 처한 사람들을 돕는 일을 하는 지도자, 레위
인이 지나가지만 역시나 모른 척했다.
여기에 마지막으로 예수님은 '사마리아 사람'을 등장시킨다.
그 시대에 사마리아 사람은 유대인들의 오염된 혈통으로 무척
이나 미움받는 이방인이었다. 그런데 예수님은 강도 만난 자를
싸매고 치유하는 자가 사마리아 사람이라는 비유로 이야기를 마
무리하신다. 예수님의 반전이시다.

솔직히 주일학교 때까지도 잘 몰랐다.
그냥 사마리아 사람이 착한 사람이라는 이야기인 줄 알았다.
예수님은 왜 많은 사람들 중에 유대 지도자들이 제일 싫어하는
사마리아 사람을 비유로 이야기하신 것일까?
사마리아 사람을 무조건 미워하고 그들에 대한 편견에 대한 예
수님의 반전 해답이었다.

"가서 너도 사마리아 사람같이 하라"라고 말씀하신다. 미움과 편견 없이 다른 이들의 행복을 중히 여길 줄 아는 겸손한 사랑을 하라고 하신다.

> "네 생각에는 이 세 사람 중에 누가 강도 만난 자의 이웃이 되겠느냐
> 이르되 자비를 베푼 자니이다 예수께서 이르시되 가서 너도
> 이와 같이 하라 하시니라"(눅 10:36-37)

우리학교에 가면 낡고 허름한 건물, 오래된 신발장에 20명 남짓 되는 아이들의 신발이 가장 먼저 눈에 들어온다. 가지런히 놓여 있는 신발을 보면서 복도에 들어서면 '변소'라고 쓰인 화장실이 보인다. 나의 어린 시절에도 '변소'가 있었다.

"아무리 노력을 해도 그들은 변하지 않아요."

우리학교 이야기를 하면 가끔 듣는 말이다. 어쩌면 그들은 변하지 않을 수도 있다. 그래도 그들의 행복을 중히 여기고 그들과 공감하며 겸손히 사랑을 나누고 싶다.

"가서 너도 그렇게 해라"라고 주님이 말씀하셨으니까 말이다.

「주님,
미움과 편견 없이 다른 사람의 행복을 중히 여길 줄 아는
겸손한 사랑을 나누고 싶습니다. 아멘!」

20
담장 안의 아이들

오사카는 도시의 중심가를 벗어나면 대부분의 마을은 단독 주택으로
깔끔한 곳이다. 일본인은 대체적으로 아파트보다 단독 주택을 선
호한다. 일본 집들은 담이 없이 길거리 옆에 개인 주차장과 바로
연결되어 있다. 도로에서 바로 현관으로 연결되는 일본 집이 처
음에는 참 신기했다. 오사카는 겨울에도 기온이 영상이기 때문에
집 앞에는 항상 예쁜 화초들이 피어 있다. 그것이 그들의 길거리
문화이다.

담이 없이 예쁘게 지어진 일본 집들과 화초를 보면서 한참을
걷다 보면 벽돌로 높게 쌓인 담과 녹슨 철로 굳게 닫힌 교문 앞에
서게 된다. 우리(조선)학교다. 견고하게 쌓인 담이 높아서 밖에서
는 학교 안이 보이질 않는다.

아이들이 전부 등교를 하면 교장 선생님은 철문을 닫는다. 아

이들을 보호하기 위해서이다.

예쁘게 지어진 일본 집들과 나란히 서 있는 우리학교가 처음에는 너무 어색했다. 아니 솔직히 말하면 어울리지 않았다. 일본 정부에서도 일본스러움에 어울리지 않는 우리학교를 없애려고 매년 학교를 사고 있다. 어찌 보면 사려는 자와 지키려는 자들의 싸움이 오늘도 계속되고 있다. 그 담장 안에서 지키려는 자, 우리 아이들이 자라고 있다. 일본 안의 또 다른 나라가 되어서 말이다.

누가복음 11장을 묵상했다.

밤늦게 멀리서 오느라 배가 너무 고픈 친구가 찾아왔다. 그런데 내게는 빵이 없었다.

"친구야, 지금은 내게 빵이 없으니 내일 아침까지 기다려라"라고 할 것인가? 아니면….

모두가 곤히 잠든 시간이지만 나는 예의를 벗어던지고 빵이 있는 이웃에게 달려가서 "내 친구가 너무 배가 고프니 빵을 조금만 주세요"라며 문을 두드리며 이웃을 깨울 수 있는 간절함이 있는지 주님이 물으신다.

예수님은 이 비유에서 상황은 예의에 어긋나고 무례하지만 곤경에 빠진 사람을 위해 그렇게 담대하고 간절히 부탁해야 한다고 말씀하신다. 집요하게 문을 두드리면 이웃은 일어날 것이라고 하신다. 기도는 그렇게 하는 것이라고 말씀하신다. 그래서 나는 오늘도 담장 안에 아이들이 있으니 한 번만 바라봐 달라고 기도한다.

"귀를 막고 가난한 자가 부르짖는 소리를 듣지 아니하면

자기가 부르짖을 때에도 들을 자가 없으리라"(잠 21:13)

"그러므로 내가 택함 받은 자들을 위하여 모든 것을 참음은 그들도

그리스도 예수 안에 있는 구원을 영원한 영광과 함께 받게 하려 함이라"

(딤후 2:10)

「주님,
담장 안에 있는 아이들이 보이시죠?
담장이 너무 높다고 소리도 내지 않습니다.
도리어 자신들의 소리로 이웃이 힘들까 걱정합니다.
그래서 가난하고 외롭지만 참고 견디며 살고 있습니다.
그래도 주님!
그들은 말합니다.
주님이 만들어주신 조선이 좋다고…
이 나라를 지키고 싶다고…
이 나라를 지키려는 이들을 바라봐 주십시오.
자비를 베푸십시오.
빵이 필요한 이들에게 한밤중이라도 창피를 무릅쓰고
빵을 얻어 줄 수 있는 친구가 되고 싶습니다.
이 용기가 사라지지 않게 하옵소서.
나도 동일하게 참고 견디게 하옵소서.
그리고 속히 이들이 지킨 조선을 통해서
당신의 영광을 드러내십시오.
그러기 위해 주님도 지금까지 참고 견디셨음을 믿습니다. 아멘!」

21

더 많이 견디어라

"엄마, 나 단기(전문) 하사 지원했어요."

군대에 있는 아들이 전화를 걸어 말했다. 제대가 두 달 남은 아들이 군대에 더 남겠다고 한다. 나는 왠지 모르는 미안함과 고마움에 가슴이 찡했다. 요즘 군대는 군 복무 중에 추천으로 하사 지원이 가능하다고 한다. 추천을 받은 아들은 깊은 고심 끝에 결론을 내린 것이다.

나는 하나님께 감사를 드렸다.

숨소리도 내지 못하고 무엇을 걱정하는지 잘 아는 주님이 우리 부부의 마음을 헤아려 주셨다. 일본에서 학창 시절, 대학을 마치고 입대한 아들은 군 생활이 너무 재미있다며 매일 전화를 했다. 아무리 군대가 좋아졌다지만 군 생활이 뭐 그리 재미있을까?

코로나 시대이기에 아들이 제대를 한다 해도 많은 것이 막혀

있다고 생각했다. 거기에 아들이 머물 여유 공간도 없기에 사실
우리 부부는 어찌할 바를 모르고 있었다. 하나님의 일을 한다는
이유로 자녀에게 아무것도 해줄 수 없는 능력 없는 부모가 되어
제대로 숨도 못 쉴 것 같았다.

'주님! 주님이 사랑하는 조선을 바라보고 있습니다. 우리의 자
녀들을 주님이 그저 바라봐만 주십시오'라는 나의 기도에 주님
이 말씀하셨다.
"더 많이 견디어라."
이 숨 막힘이 견디는 것이라고 하신다. 주님은 내가 더 견딜 수
있도록 다독거려 주셨다.
"오직 모든 일에 하나님의 일꾼으로 자천하여 많이 견디는 것과…"

(고후 6:4-10)

하나님의 일꾼으로 하나님과 함께 일하는 자(고후 6:1)인 우리에
게는 평탄한 삶이 기다리지 않는다. 아브라함은 하나님 말씀을
듣고 집까지 떠났지만 많이 견디는 삶이 힘들기에 이삭을 낳는
소망을 포기하려고 한다. 그냥 자연적인 방법으로 태어난 이스마
엘과 하나님 앞에서 평범한 삶을 살기를 원한다(창 17:18).

고린도후서 6장을 보면 하나님과 일하는 자는 많이 견뎌야 할
뿐 아니라 환난, 궁핍, 고난, 매 맞음, 갇힘이 있고 평강과 안전감
이 아닌 요란한 것이 있다고 한다. 거기에 수고로움과 자지 못함

과 먹지 못함까지 있다고 말한다. 그런데 이렇게 험악한 낱말과 나란히 적혀있는 낱말에 너무 위로가 된다.

"하나님과 일하는 자는 깨끗함이 있고 지식, 오래 참음, 자비, 성령의 감화, 거짓이 없는 사랑, 진리의 말씀과 하나님의 능력이 있다."

하나님의 일꾼으로 어려움을 겪으면서도 우리는 하나님의 다스림을 받는 거룩함으로 살 수 있다. 결국 아브라함은 이스마엘과 하갈을 뒤로하고 이삭을 태어나게 한다. 어려움을 당하고 있음에도 불구하고 은혜에 흠뻑 젖어 기쁘게 살 수 있는 것이다.

"우리가 알거니와 하나님을 사랑하는 자

곧 그의 뜻대로 부르심을 입은 자들에게는

모든 것이 합력하여 선을 이루느니라"(롬 8:28)

사도 바울은 복음을 위하여 모든 시련을 지나쳐 갈 때, 결코 선일 수 없는 것들을 가지고 선을 이루시는 하나님의 사랑을 바라볼 줄 알았다. 그러기에 바울은 어떠한 환난이나 곤고나 핍박이나 기근이나 적신이나 위험이나 칼이라도 우리를 하나님의 사랑에서 끊을 수 없다고 고백한다(롬 8:35).

하나님의 사랑 속에 '선'일 수 없는 것들로 결국은 '선'을 이루는 우리의 삶을 보라!

그러기에 우리는 속이는 자 같으나 참되고, 무명한 자 같으나 유명한 자이다. 죽은 자 같으나 우리가 살고, 징계를 받은 자 같으나 죽임을 당하지 아니한다.

근심하는 자 같으나 항상 기뻐하고 가난한 자 같으나 많은 사람을 부요하게 한다. 아무것도 없는 자 같으나 모든 것을 가진 자이다. 우리의 당한 모든 일에 주는 공의로우시다.

「주님,
하나님 나라를 위하여 모든 삶을 지나쳐 갈 때,
결코 선일 수 없는 것들을 가지고 선을 이루어 가시는
하나님의 사랑을 바라볼 줄 아는 눈을 주소서. 아멘!」

22
병상에 계시는 권사님께

「권사님,
정말 오랫동안 만나 뵙지 못했습니다.
겨울이 지날 때 뵙고 코로나로 긴 시간 동안
일본으로 돌아오지 못하는 동안
다시 겨울이 되었어요.
권사님이 몸이 안 좋으셔서
병원에 입원해 계신다는 소식을 들었어요.
언제나 항상 그 자리에 계실 것 같은 분이 안 계셔서
그 자리가 더 그립습니다.
권사님 집 앞에 가보니 키우시던 꽃과 화초들이 반겨줍니다.
"그 시절은 다 그랬다" 라고 하시며
여든 살이 넘는 동안 이 땅에서의 외로움과 고단함을
화초로 많이 달랬다고 하셨죠.
그 세월에 보답이라도 하는 듯 화초들은 외로움과 추위에도
푸른 잎을 띄고 잘 견디고 있어요.

권사님은 꽃을 참 좋아하셨죠.
그래서 집에 가면 어디에든 꽃이 있었어요.
침대 머리맡에, 텔레비전 옆에, 식탁 위에, 주방 창문에, 화장실에…
간혹 시장에서 만날 때도 두 손에는 예쁜 꽃이 있었죠.
예쁜 꽃을 사가지고 당장이라도 달려가고 싶습니다.

예쁘고 고운 것을 좋아하셔서
늘 무채색 옷만 입는 저를 나무라기도 하셨지요.
생각나세요?
어느 날은 길가는 저의 손목을 잡고는 집으로 가셔서
옷장의 옷을 다 꺼내셨던 일도 있었잖아요.
칙칙한 색깔의 제 옷을 벗기시고
알록달록 고운 옷으로 갈아입혀주셨지요.
"봐라. 얼마나 곱고 이쁘냐.
하나님이 왜 모든 것에 색을 입히셨겠느냐.
이왕이면 이쁜 것이 좋지 않냐."

권사님,
지금 그때 입혀주셨던 연둣빛 스웨터를 입고 있어요.
부드럽고 참 따뜻합니다.
잠깐 뵈러 간 제 얼굴을 가만히 보시더니
제 손에 돈을 쥐어주시면서
"스시(초밥)가 먹고 싶어. 가서 맛있는 스시 좀 사 와" 라고 하셨어요.
하지만 제가 사 온 스시를 딱 두 개만 집어내시고는
가져가서 먹으라고 하셨지요.
덩그러니 서 있는 제게
"우리 사모 먹이고 싶어서 그런 거다" 라고 하셨지요.

권사님께서 집으신 두 개의 스시도 저를 위함이었음을 압니다.

권사님,
오늘 병원에서 연락이 왔어요.
병원에 코로나 확진자가 있어서
당분간 면회가 안 된다는 소식이었어요.
창에 비치는 햇살을 보고 있노라니
권사님이 얼마나 집에 오고 싶으실까 생각이 듭니다.

곧 다가올 성탄절은 병원에서 지내시게 되었네요.
이 땅은 예수님이 인기가 없으시다며
12월이 시작되면 집 대문에 큰 크리스마스 화환을 걸으셨지요.
지나가는 사람, 찾아오는 사람들이 보면 좋겠다고요.
날씨가 부쩍 많이 추워졌습니다.
지금 일본은 '코로나19 Go-To 일시 정지'로
더 움직일 수가 없습니다.
권사님, 힘이 드시더라도 힘을 내세요.
제가 기도합니다.」

사랑하는 권사님,
찾아뵙지는 못하지만 환하게 웃으시는 얼굴 그리며
이렇게 서면으로 인사드려요.
어서 쾌차하셔서 곧 뵈어요.
보고 싶습니다.

「주님,
내가 따라왔으니 주의 따스한 손길로
험한 계곡 지날 때 사로잡아주소서.
주님은 나의 구원되십니다.
'이러다가는 안 된다'라는 낙심이 들어올 때에
주님의 따스한 위로로 나를 다시 붙드사 끌어안아 주소서.
주님 외엔 아무도 없습니다.
주님을 사랑하고자 고이 엎드립니다.
주님의 따스한 음성으로 나를 먹여주소서.
기뻐하며 가리니 오늘도 주님만 찾습니다. 아멘!」

23

함께해서 정말 다행입니다

그토록 보고 싶은 나유타코에 유미 씨 가족을 만나러 다녀왔다. 우리 조선인을 만나러 가는 길은 늘 설렘이다.

예전보다 좀 더 번화가에 자리 잡은 가게는 작지만 예뻤다.

5년 전 우리학교 유치부에 다니던 나유를 만난 후 학교 바자회에서 나유 엄마를 만났다. 나유는 이제 초등 2학년이 된다. 우리가 나유네를 처음 만났을 때 나유 아빠는 학교에서 조금 떨어진 곳에서 자전거야(가게)를 하고 있었고, 나유 엄마는 자전거 가게 한쪽에 칸막이를 만들어 테이블을 놓고 타코야끼를 팔고 있었다.

찬바람이 불 즈음이었다. 유치원에서 돌아온 나유는 아빠가 만들어 준 책상에서 그림을 그리고 있었다. 출입구에 두꺼운 비닐을 쳐놓아서 포장마차 같은 느낌도 있었다. 추워하는 내게 유미 씨는 따뜻한 와인에 유자청과 계피, 흑후추를 넣어 유미표 와인을 만들어 막 구운 타코야끼와 함께 내주었다. 그 후로 유미 씨 부부를 만나러 갈 때마다 나는 그 와인과 타코야끼를 먹었다. 여름에는 시원하게 만들어 준다. 와인과 타코야끼를 맛있게 먹는 것을 왠지 유미 씨 부부가 좋아하는 것 같은 마음이 들었다. 그래서 나는 정말 맛있게 먹었다. 그 부부와 가까워지는 나만의 방법이었다.

"내가 모든 사람에게서 자유로우나 스스로 모든 사람에게 종이 된 것은
더 많은 사람을 얻고자 함이라 …
약한 자들에게 내가 약한 자와 같이 된 것은
약한 자들을 얻고자 함이요…내가 복음을 위하여 모든 것을 행함은
복음에 참여하고자 함이라"(고전 9:19–23)

"이렇게 와 줘서 고맙습니다. 오랜만에 와인 좋을까요?"

새로 가게를 오픈하고 부부에게 바뀐 것이 있다며 이야기를 한다. 이전에는 가게에 손님이 와도 일본인인 척하며 손님을 대했는데 이제는 당당히 조선인 4,5대로 살고 있는 가족이라고 말한다고 한다. 그런데 너무 신기하게도 관심을 가지고 궁금한 것을 묻거나 나유가 다니는 조선학교가 궁금하다며 가보고 싶다고 말하는 일본 손님들이 있다고 한다. 사실 크리스마스 선물을 주려고 우리학교에 갔을 때 일본인들이 먼저 와서 아이들에게 선물을 주고 있었다. 그 일본인들이 나유 씨 부부를 만나고는 조선학교를 찾아온 것이었다.

"이 땅은 우리네 할머니, 할아버지 때부터 부모님이 사시는 감사의 땅입니다. 이 땅에서 조선인으로 당당하게 살겠습니다. 더이상 숨지 않겠습니다."

나유 씨 부부는 메마른 땅끝 외진 곳에서 인내하며 살았던 곳이 감사의 땅이고 말한다. 그 부부 앞에서 나는 이렇게 기도했다.

「주님,
이 땅에 밭을 갈고 씨를 뿌릴 것이니
하늘 문을 여시고 당신의 생명이 자라는
영혼의 땅으로 축복하소서. 아멘!」

집으로 돌아오는 길에 한국에서 중보하시는 권사님으로부터 전화가 왔다. 그리고 조선인들과 함께 모여 예배할 수 있는 곳(조선인 예배당)을 구하는 씨앗 헌금을 보내오셨다.

다음날 일본 성도들이 집으로 찾아왔다. 대화 중에 일본 성도들은 어제도 모여서 조선인들을 위해 기도했다고 한다. 유미 씨부부를 만난 날이다.

주님은 그날 한국 권사님, 일본 성도들, 그리고 조선인을 만난우리 부부를 묶으시며 일하셨다. 하나님의 동역자들, 어찌 놀랍지 않은가?

"나는 심었고 아볼로는 물을 주었으되 오직 하나님께서
자라나게 하셨나니 그런즉 심는 이나 물 주는 이는 아무 것도 아니로되
오직 자라게 하시는 이는 하나님뿐이니라

심는 이와 물 주는 이는 한가지이나 각각 자기가 일한 대로

자기의 상을 받으리라 우리는 하나님의 동역자들이요

너희는 하나님의 밭이요 하나님의 집이니라"(고전 3:6–9)

마태복음 20장에 포도원의 품꾼들 이야기가 하나님의 동역자들이라는 새로운 은혜로 묵상이 되었다. 우리는 하나님의 밭에 일꾼들로 들여보내졌다.

누구보다 일찍 나온 주님은 아침 일찍 일꾼을 찾아 하나님의 밭에 들여 일하게 하시고, 계속해서 아침 9시에도 나가 일꾼을 찾아 밭에 들이시고, 12시, 3시에 일꾼들을 찾아 밭에 들이신다.

조금 있으면 해가 저물어 하나님의 밭의 일이 끝날 시간이 다 되어간다. 마지막 종일 놀고 있는 자를 불러 그 일꾼까지 들이시어 일을 하게 한다. 하나님이 사랑하는 것을 같이 일하는 자로 선택받는 것은 굉장한 일이다. 하나님의 밭에 들어오는 자가 복이다. 그러기에 주님은 계속해서 찾고 계시며 끝나는 시간이 다 되어가도 어떻게든 한 명이라도 더 들여보내려고 애쓰신다.

먼저 들어온 자는 "어서 들어오세요. 늦게라도 함께해서 정말 다행입니다"라며 간절히 기다리고 있다. 먼저 들어와 일을 많이 했어도 괜찮다. 주님의 밭에 들어온 일꾼들은 시기와 분쟁 없이 하나가 되었다. 함께 하는 것이 기쁨이다. 멋진 하나님의 동역자들!!

"이제 너희의 넉넉한 것으로 그들의 부족한 것을 보충함은

후에 그들의 넉넉한 것으로 너희의 부족한 것을 보충하여

균등하게 하려 함이라 기록된 것 같이 많이 거둔 자도

남지 아니하였고 적게 거둔 자도 모자라지 아니하였느니라"

(고후 8:14-15)

「주님,
당신의 멋진 동역자들과 함께 걸으니 참 좋습니다. 아멘!」

24
은혜로 살리셨다

한 여인이 간음하다가 예수님 앞에 잡혀 왔다.

"모세는 율법에 이러한 여자를 돌로 치라 명하였거니와
선생은 어떻게 말하겠나이까"(요 8:5)

율법으로는 여인을 구원할 방법이 없었다. 바리새인과 서기관
들은 예수님이 율법대로 어떻게 판단하는지 보려 했고 자기들
이 예수님을 이겼다며 의기양양한 모습을 보였다. 그때 예수님은
"너희 중에 죄 없는 자가 먼저 돌로 치라"(요 8:7)라고 하셨다.

너희들이 그렇게 율법 앞에 자신이 있으면 여인을 돌로 쳐도
된다는 말씀이시다. 자신들의 죄는 숨기고 뻔뻔하게 깨끗한 척하
고 있는 자들을 책망하신 것이다. 사람들은 집었던 돌을 내려놓
고 한 명씩 자리를 떠났고 예수님 앞에는 여인과 죄만 남았다. 그

리고 예수님은 넉넉히 이기는 사랑으로 구원을 베푸셨다. 은혜가
여인을 살렸다.

> "예수께서 일어나사 여자 외에 아무도 없는 것을 보시고 이르시되
>
> 여자여 너를 고발하던 그들이 어디 있느냐 너를 정죄한 자가 없느냐
>
> 대답하되 주여 없나이다 예수께서 이르시되
>
> 나도 너를 정죄하지 아니하노니
>
> 가서 다시는 죄를 범하지 말라 하시니라"(요 8:10-11)

주님 앞에 나온 여인의 죄는 사함을 받았지만 죄가 있으면서도
그 자리를 떠난 자들은 사함 받지 못했다. 예수님의 눈은 여인을
정죄하는 신랄한 시선들을 파하고 구속의 눈으로 덮어 주셨다.
예수님의 사랑은 교묘하게 들어온 사단의 정체를 멸하셨다. 복음
이다.

아들을 아끼지 아니하시고 내어주신 하나님의 사랑은 이 여인
과 모든 사람을 위한 것이다.

일본에는 지금 약 60만 명의 재일동포(조선인)들이 살고 있다.
나는 이들을 '일본조선'이라고 부른다(우리 조선은 지금 한국조선, 북한
조선, 일본조선으로 나누어져 있다).

할아버지의 고향이 경상북도 청송이고 일본에서 태어나 자란
조선인 자매와 이야기를 나눈 적이 있었다.

『 "조선학교에 대해 전혀 모르겠다. 재일조선인도 잘 모르겠다" 라는 소리를 들을 때마다 '우리의 존재는 무엇일까?' 라고 고민하게 됩니다.
한국에서 우리 아이들을 만나기 위해 사람들이 오면 '우리 아이들을 보고 이해가 될까? 오해는 하지 않을까?' 등 여러 생각이 맴돌았습니다. 그리고 내 귀에 들리는 소리는 "아이들이 불쌍하다. 가슴이 아프다" 였습니다.

우리는 우리를 불쌍하다고 생각하지 않습니다. 사실 일본에서 태어나 조선 사람으로 사는 건 쉬운 일이 아닙니다. 바람이 불면 날리고 사라질 가냘픈 풀잎처럼 약한 존재들이긴 합니다.
하지만 분단된 우리나라가 통일될 그날, 기어이 돌아가겠다는 그 한 마음으로 70년 넘는 세월을 버틴 것입니다. 조국이 우리를 버려도, 조국이 우리를 이용해도, 적국이라는 일본에서 온갖 차별과 멸시, 착취를 당하면서도 조국의 통일만을 그리며 뭉친 커뮤니티입니다. 그러니 초라해도 우리는 부끄럽지 않습니다.

누군가가 "남의 나라에서 언어 교육을 할 때 3세대까지 이어지면 훌륭하다" 라고 말했습니다. 우리는 이제 5세대로 이어져 있습니다. 우리학교가 있음으로 저는 우리말을 하고 쓸 수 있습니다. 이런 긍지와 자부심을 가지고 자라는 우리는 하나도 불쌍하지 않다고 생각합니다."』

오랜만에 두근거리는 심장을 가지고 우리학교에 다녀왔다. 한국에서 받아온 마스크와 크리스마스 선물을 전달했다. 마침 종업식이라서 아이들이 강당에 모두 모였다.
먼저 도착한 우리 부부는 아이들을 기다리고 있었다. 한 아이가 우리를 보자 저 멀리서부터 뛰어온다. "와! 목사님! 사모님!"

이라고 큰 소리로 부르며 달려와 우리 품에 꼭 안겼다.

저녁에 아이 엄마에게서 전화가 왔다.

"우리 아이가 너무 보고 싶어 했어요. 오셔서 참 좋습니다."

이들은 태어날 때부터 "너희는 뿔이 있으니 가까이 오지 말라" 라는 말을 듣는다. 도살당할 양같이 여김을 받은 자에게 오늘도 살리시는 은혜가 있다. 복음이다. 이 복음이 포로 된 자, 눈먼 자, 눌린 자를 자유케 한다.

> "주의 성령이 내게 임하셨으니 이는 가난한 자에게
>
> 복음을 전하게 하시려고 내게 기름을 부으시고 나를 보내사
>
> 포로 된 자에게 자유를, 눈 먼 자에게 다시 보게 함을 전파하며
>
> 눌린 자를 자유롭게 하고"(눅 4:18)

「주님,
일본 조선인들을 바라보는 우리의 판단,
그리고 그 너머 웅크리고 있는
지난날의 아픔과 연약함을 지나가게 하소서.
그리고 예수님의 구속의 눈으로 덮어 주소서. 아멘.」

25

서희와 떡볶이 먹는 그날을 기다린다

"치즈 떡볶이가 먹고 싶어요."

한참 동안 만나지 못하고 종종 SNS로 연락을 했던 서희를 만나기로 했다. 서희는 조선적을 가진, 곧 있으면 성년(만 20세)이 되는 청년이다. 조선적은 1945년 해방 이후 일본에 거주하는 동포로 남한, 북한 어디에도 속하지 않고 일본으로 귀화하지도 않은 이들에게 부여된 국적이다. 사실은 무국적자이다. 우리는 조선족하고 많이 혼동하기도 한다.

서희 가족은 할머니부터 모두가 조선적을 가지고 5세대까지 이 땅에 살고 있다. 몇 년 전 서희 막냇동생을 우리학교에서 만났다. 그리고 학교 주방에서 급식을 만들다가 서희 엄마를 만났다. 서희 엄마의 보자기 공예전에 초대를 받아서 갔다가 까만 치마 저고리를 입은 서희를 만났다.

하나님은 한 사람이 중요하고 한 사람이 필요하다.

한 사람 아브라함을 통하여 하나님의 큰 구원 계획이 완성되어왔다.

한 사람 마리아의 순결한 순종으로 예수님이 이 땅에 오셨다.

물고기 두 마리와 떡 다섯 개를 아낌없이 예수님께 가져온 한 아이의 도시락으로 기적이 만들어졌다.

그런 한 사람 '서희'를 만나기로 했다.

뭐가 먹고 싶냐고 물었더니 역시나 떡볶이란다. 마침 자가격리 기간에 조선 시장에서 일하는 지인이 떡볶이 떡을 보내왔는데 아껴두길 잘했다는 생각이 들었다. 한국에서 어느 집사님이 보내온 고추장도 넉넉하다. 작은 정성들이 모여서 한 걸음씩 하나님 나라가 완성되어 가고 있는 느낌이다. 서희를 기다리는 며칠이 행복할 것 같다. 오늘 이 기다림이 소망이 되는 것은 하나님이 일하실 그때를 기대하기 때문이다.

예수님은 가나안 혼인 잔치에 가셔서 포도주가 떨어진 줄 알았지만 기다리셨다. 아직 주님의 때가 되지 않았기에 기다리신 것이다. 그 옆에서 하인들이 함께 기다렸다. 때가 되었을 때 "이제는 떠서 갖다 주어라"라고 말씀하셨다. 주님이 말씀하실 때 즉각 순종할 수 있는 하인이 있어 다행이었다. 이제는 더 맛있는 포도주를 마시고 흠뻑 취하라고 하신다.

주님이 주시는 복음은 이처럼 맛있다.

주님이 주시는 은혜는 이처럼 기쁘다. 맛있고 좋은 포도주가 왜 이제야 나왔는지 모두들 궁금해하는 이 비밀을 주님 옆에서 기다리고 있던 하인들은 알았다. 복음의 비밀은 하인들의 것이었다. 주님은 잔치 자리가 하나님 나라가 되는 때를 기다리셨다.

나는 얼마 전 행복한 기다림의 시간을 보냈다.

한국에 있는 자녀들에게 깜짝 선물을 해주고 싶었다. 조금 있으면 딸의 생일이라서 그때 맞춰서 준비하게 되었다. 큰 상자 하나를 구해놓고 딸이 좋아하는 것으로 채우기 시작했다.

일본에서 학생 시절을 보낸 딸과 아들은 생소한 일본의 음식 문화를 좋아한다. 나는 어려운 시기를 잘 견뎌준 아이들이 참 고맙다. 그리고 엄마, 아빠가 보고 싶을 텐데 잘 참아주어서 참 고맙다.

> "너희는 이 일을 너희 자녀에게 말하고 너희 자녀는 자기 자녀에게 말하고 그 자녀는 후세에 말할 것이니라"(요엘 1:3)

딸이 좋아하는 나고양 만주(지역 특산물)를 사기 위해 큰 마트 여러 곳을 찾았다. 나고야(토요타)에 살 때 좋아했던 만주인데 오사카에 와서도 종종 마트에서 보면 좋아했다.

일본 카레, 오코노미야키 소스, 가쓰오부시, 쯔유, 컵라면, 과자, 곤약 젤리….

요즘은 이런 것들을 한국에서도 다 구입할 수 있다고 한다. 하지만 깜짝 상자를 받고 기뻐할 딸의 모습이 눈에 아른거려 이것저것 사는 것을 멈출 수가 없었다. 언젠가 일본에서 생일 선물로 받은 노란색 점퍼가 그립다고 했던 것이 생각나서 그것도 찾아 상자에 넣었다.

요즘은 코로나 때문에 국제택배가 한국에 도착하기까지 일주일이나 걸린다(원래는 2,3일이면 도착). 택배를 보내고 일주일을 기다리는 엄마의 마음을 알까? 택배가 도착한 날, "엄마!"라며 소리칠 딸의 목소리가 귓가에서 메아리친다.

오늘 우리의 기다림은 무엇인가? 어제 나의 기다림은 깜짝 상자를 받고 기뻐할 딸아이를 그려보는 것이었다. 오늘 나의 기다림은 서희와 떡볶이를 맛있게 먹는 그날을 기다리는 것이다. 그리고 하나님의 나라를 기다린다. 하인들처럼 예수님 옆에서 하나님 나라를 기다리는 자로 서 있기를 소망한다.

"나는 포도나무요 너희는 가지라 그가 내 안에, 내가 그 안에 거하면
사람이 열매를 많이 맺나니
나를 떠나서는 너희가 아무 것도 할 수 없음이라"(요 15:5)

「주님,
물 떠온 하인들처럼 당신 옆에서 당신의 때를 기다리는
거룩한 신부이고 싶습니다.
비밀로 감추어져 있는 하나님의 지혜를 갈망합니다. 아멘.」

26
그리움이 당신을 닮아갑니다

내가 글을 쓰고 있는 것을 아신 친정어머니가 "핏줄은 핏줄이구나"라고 말씀하셨다.

작년에 한국에 있을 때 친정어머니 집에서 잠깐 지낸 적이 있었다. 그때 글과 씨름하던 내 모습이 떠오르셨나 보다.

나는 아버지에 대한 기억이 없다. 어머니는 늘 말씀하기를 "어쩌다 보니 너와 동생이 생겼다"라고 하셨다. 그래서 나는 자랄 때 '나는 어쩌다 생긴 아이구나!'라고 생각한 적도 있었다. 하지만 그것은 자식이 미워서 그런 것이 아니라 남편이 너무 원망스러워서 하신 말씀이었다.

어릴 때 나는 어머니가 퍼 준 밥을 다 안 먹고 꼭 한 숟가락씩 남기는 버릇이 있었다. 그러면 어머니는 "어쩜 그렇게 네 아빠를 닮았냐"라고 말씀하셨다. 나도 왜 그랬는지 모르지만 어머니가 싫어하시는 데도 자꾸만 그렇게 되었다. 그렇게 하는 것이 뭔가 안심이 되는 기분이었다. 그리고 좀처럼 어머니는 아버지 이야기를 하지 않으셨다. 그런 나의 기억에 없는 아버지께서 책을 좋아하셨고 글 쓰는 것을 좋아하셨다고 한다.

어머니가 기억하시는 삶의 추억에서도 아버지는 늘 글을 쓰고 있었다며 어머니는 내가 모르는 아버지 이야기를 하셨다. 그럴 때면 어머니의 목소리가 예전보다 편안하게 느껴졌다. 이젠 많이 연로하신 어머니는 남편을 원망하기보다는 조금은 그리움을 담아 추억하시는 듯하다. 아마도 어머니의 기억 한 편 저쪽에는 아버지의 모습이 남아 있었나 보다.

"딸이 글 쓰는 것을 알면 좋아하셨을 게다. 본인 닮았다고⋯."

내 모습을 보면서 아버지 모습이 그려진 모양이다.

"하나님이 자기 형상 곧 하나님의 형상대로 사람을 창조하시되"(창 1:27)

지금 내 속에는 하나님의 형상이 있다. 형상은 드러내기 위해 만들어진 것이다.

서울 광화문 광장에 가면 이순신 장군, 세종대왕 동상이 있다. 그 동상을 세운 것은 그것을 보고 사람들이 이순신 장군과 세종대왕을 생각하도록 하기 위해서일 것이다. 하나님이 나를 자기 형상으로 만드신 이유는 나를 통해 하나님을 보여주기 위해서이다.

"내가 은밀한 데서 지음을 받고 땅의 깊은 곳에서 기이하게 지음을

받은 때에 나의 형체가 주의 앞에 숨겨지지 못하였나이다"(시 139:15)

내가 주께 감사함은 '나를 빚으심이 어찌 이리 신묘막측하신

지…'이다. 나는 어쩌다 생긴 아이가 아닌 하나님을 위해서 빚어

진 존귀한 아이였다. 하지만 이 사실을 기뻐하는 데는 좀 시간이

걸렸다. 그러기에 주님 앞에서 나는 그냥 먹을 수가 없고, 나는

그냥 생각할 수도 없고, 나는 그냥 행동할 수도 없었다.

"너희는 하나님으로부터 나서 그리스도 예수 안에 있고

예수는 하나님으로부터 나와서 우리에게

지혜와 의로움과 거룩함과 구원함이 되셨으니"(고전 1:30)

요즘 남편이 자주 부르는 찬양이 있다. 『귀 뚫은 종』이라는 찬

양인데, 예전 복음성가에 가사를 새롭게 입힌 곡이다. '주인을 너

무 사랑하는 종이 그 집 문에 귀를 대고 구멍을 뚫어 주인집에 완

전히 속함으로 주인에게만 귀 기울이며 살고 싶다'는 내용의 찬

양이다. 출애굽기 21장 말씀이다.

가사와 남편의 목소리가 잘 어우러져 듣고 있노라니 사랑하는

주님과 은밀한 사귐으로 묶인 삶이 기쁨이요, 영광이요, 축복임

이 절절히 느껴진다. 누군가를 정말 좋아해 보면 그러려고 그러

는 것도 아닌데 좋아하는 사람과 묶이고 싶어진다. 그 사람이 무

엇을 좋아하는지 무엇을 하고 싶어 하는지 그것을 같이 하고 싶

어진다.

　사랑은 따로 놀지 않는다. 사랑하는 자와 묶인 삶은 서로 닮아
간다. 그리고 말하지 않아도 주위 모든 사람들이 알게 된다. 처음
사랑할 때 일이다. "어째 정희 기도 스타일이 성로(지금의 남편)랑
똑같네!"라는 소리를 많이 들었다. 아마도 그 시절에 내가 교회
오빠(남편)를 많이 좋아하고 있었기 때문일 것이다.

　오늘 나는 주님을 닮아가지 못함을 애통하고 있는지 스스로에
게 묻는다. 기억에 없는 아버지였지만 내 진심은 늘 아버지가 그
리웠나 보다. 그래서 나는 오늘도 한참을 걸었다. 그리움을 가득
담으려고….

「주님,
제 그리움이 당신을 닮아갑니다. 아멘!」

27

다시 주님과 진한 사랑을 나누는 나라

2021년 1월, 전 일본 고교 럭비대회가 열렸다. 나에게 럭비는 생소한 스포츠라서 처음엔 관심 없이 보았다. 그런데 오사카 조선고등학교가 예선을 거치고 16강, 8강을 거쳐 4강에 올랐다. 그러자 2002년 한일 월드컵 당시의 기억이 떠올랐다. 축구 하나로 온 국민이 얼마나 기쁘고 행복했던가? 가족이 하나가 되었고, 축구를 보는 그곳이 어디든 사람들이 하나가 되었고, 온 나라가 하나가 되었다. 지금 일본 땅에 있는 작은 나라, 조선이 그렇다. 우리는 참 많이 닮은, 같은 민족이다.

아이들을 만나도, 서희를 만나도, 엄마들을 만나도, 선생님을 만나도 모두 기쁨으로 말한다.

"럭비 보셨습니까? 오사카 조선고등학교가 4강에 올랐습니다."

SNS에서는 너도나도 럭비 이야기를 하며 함께 울고, 웃으며 행복을 나누었다. 전국에 흩어져있는 60만 명의 조선인들이 기쁨으로 하나가 되었다. 일본 전역에 있는 조선인들의 소셜네트워크는 토요타에서 처음 오사카로 이사 오던 날 경험한 바가 있어서 그 힘이 대단하다는 것을 알고 있다. 토요타에서 오는 우리 부부를 오사카에 사는 조선인들이 어찌 알고 길을 안내해 주었던 것이다. 이 슬픔 있는 작은 나라에 기쁨이 흘러넘쳤다.

'고교 럭비 4강으로 이렇게도 놀랍게 하나 되어 기쁘거늘, 복음을 만나면 이 나라는 어떻게 될까?'라는 생각에 잠시 흥분되었다. 이 작은 나라, 이들 안에 복음이 일어날 때 주님이 어떻게 일하실지 조금은 알 것 같은 기분이 들었다.

지금 우리 민족은 하나님의 계획 아래 남과 북, 일본으로 갈라져 있지만, 하나님의 원형엔 처음 조선의 모습이 그대로 있다. 원형의 조선은 하나님과의 진한 로맨스가 흐르고 있는 땅이다.

수많은 순교의 피가 곳곳에 흐르고 있고, 평양에서부터 대부흥의 물결을 주셨고 그 부흥은 흘러서 일제 강점 시대의 고달픈 시간 속에서도, 6.25사변이 터져 비참했던 시간 속에서도 흘러 한국 땅에 그리스도의 계절을 허락하셨다.

이제 풍요롭던 한국의 복음이 일본 땅에 흘러들어와 숨겨져 있는 조선에까지 오길 기도한다. 하나님의 말씀이 우상숭배의 한복판, 가뭄의 땅 사르밧으로 흐른 것처럼 말이다.

하나님은 엘리야를 바알 숭배의 중심지 시돈 땅에 속한 사르밧에 보낸다(왕상 17:9). 그 땅에 하나님의 복음이 선포되게 하기 위해서이다. 엘리야를 통해 복음을 만난 사르밧 과부는 더 이상 먹는 것과 죽는 것의 문제로 절망과 슬픔의 삶이 아닌, 통에 가루가 떨어지지 않는 기적과 죽은 아들이 살아나는 기적을 보는 하나님의 사랑을 입은 자로 살게 된다.

한국 복음이 참 신랑을 잃고 허덕이는 이 작은 땅 조선을 바라보길 기도한다.

받은 사랑, 누린 사랑, 이제는 눈을 떠 내 형제에게 주는 사랑이길 기도한다. 평양에서 흘러 한국으로, 한국에서 흘러 일본 땅의 마지막 조선에게로….

이 마지막 조선에 복음을 부으소서.

이들의 일어남은 조선의 일어남이다.

이들의 회복은 조선의 회복이다.

이들의 부흥은 다시 조선의 부흥이다.

「주님,
당신과 진한 사랑이 흐르는 이 나라를 기억하여 주소서.
이 나라가 지금 한국 땅에서 북한 땅에서 일본 땅에서
너무도 아파하고 있습니다.
주님과의 진한 사랑을 잃어버렸습니다.

주님의 얼굴을 구하게 하소서.

주님을 잃어버린 이 백성을 불쌍히 여기소서.

주님은 나의 왕이시며 이 땅에 구원을 이루시는 분입니다.

주님, 어찌하여 이 나라를 이렇게 오랫동안 버리십니까?

어찌하여 주님의 목장에 있는 양 떼에게서

진노를 거두지 않으십니까?

먼 옛날, 주님이 친히 값 주고 사신 주님의 자녀를 기억해 주십시오.

주님의 것으로 삼으신 이 자녀를 기억해 주십시오.

주님의 거처로 삼으신 시온산을 기억해 주십시오.

원수들이 주님을 비난하고 어리석은 백성들이 주님을 모욕합니다.

원수들이 이 나라를 이렇게 훼손하였으니

폐허가 된 이곳으로 주님의 발걸음을 옮겨놓아 주십시오.

주님, 일어나십시오.

우리에게 다시 돌아와 주십시오.

우리가 구원을 받을 수 있도록

주님의 빛나는 얼굴을 나타내어 주십시오.

다시 한번 주님과 진한 사랑을 나누는 이 나라,

하나 된 민족이 되게 하소서. 아멘!」

28

들의 백합화가 입은 옷이 가장 아름답다

사회문제를 다룬 일본 영화 한 편을 봤다.

'트랜스젠더와 집에 홀로 남겨진 아이'라는 주제로 실화를 바탕으로 만든 영화이다.

영화의 첫 장면은 홀로 오니기리(삼각 김밥)를 먹고 있는 어린 여자아이의 모습으로 시작된다. 식탁에는 몇 개의 오니기리가 더 있고 휴지통은 오니기리를 벗긴 비닐로 가득 차 있다. 여자아이는 홀로 잠자리에 들었다. 밤늦게 엄마가 집에 들어오지만 아이를 전혀 아랑곳하지 않고 혼자 이불을 감싸고 잔다. 이것을 어린 딸은 가만히 느낀다.

다음날, 엄마는 언제나 그랬듯이 식탁 위에 돈을 조금 놓고 사라졌다. 어린 딸은 삼촌(엄마의 남동생) 집으로 찾아간다. 삼촌은 좀 큰 여자(트랜스젠더)와 살고 있었다. 삼촌과 여자는 어린 딸을 너무도 기쁘고 반갑게 맞아준다.

한 달의 시간이 흐르고 엄마는 어린 딸을 찾으러 왔다.

삼촌 부부는 아이가 너무 이뻐서 키우고 싶었다. 좀 큰 여자는 엄마에게 아이를 소중히 하라고, 잘 지켜주라고 당부한다. 엄마는 여자도 아니고 엄마도 될 수 없는 당신이 딸이 크면 이 아이의 필요가 무엇인지 어떻게 아느냐고 비웃으며 한참 조롱을 한다.

가만히 듣고 있던 어린 딸이 울며 말한다.

"링고(좀 큰 여자 이름)는 밥을 만들어 함께 먹어 주었어. 타코 소시지 도시락을 만들어서 소풍을 가주었어. 내 머리를 예쁘게 묶어 주었어. 뜨개질을 가르쳐 주었어. 함께 잠을 자 주었어. 엄마는 왜 이런 것을 함께 안 하는데."

나는 어린 딸의 호소에 가슴이 먹먹해졌다. 늦은 밤 노트북 앞에서 움직일 수가 없었다.

요즘 이 땅에서 조선을 보고 있으면 자꾸 마음이 급해진다. 당장 몇 달 후에, 1년 후에, 3년 후에…. 아직 일어나지도 않은 일을 계획하고 그 일이 지금보다 훨씬 중요한 것처럼 염려하면서 걱정하는 나를 본다.

영화를 보기 좀 전에도 나는 내일 일을 걱정하면서 하나님께 "조선에는 왜 이리 짜십니까?"라고 떼를 썼다. 좀 더 큰 집을 왜 안 주시냐고, 왜 고기반찬을 안 주시냐고, 왜 예쁜 옷을 안 주시냐고 물었다.

지금의 어린 딸에게는 몇 년 후 더 자랐을 때 엄마가 걱정하는 일은 그리 중요하지 않았다. 지금 당장 혼자 오니기리가 먹기 싫었고, 엄마랑 도시락 싸서 소풍을 가고 싶었고, 다른 여자아이들처럼 엄마가 묶어 주는 머리가 부러웠고, 엄마와 뜨개질을 하고 싶었고, 엄마와 함께 자고 싶었다. 그저 엄마와 함께 있고 싶었던 것이다.

주님은 '공중의 새를 보고 들의 백합화를 보아라. 그들도 내가 입히고 거두는 데 내가 사랑하는 조선을 그냥 둘까 보냐. 솔로몬이 온갖 영광으로 입은 옷도 내가 입힌 꽃 하나만 같지 못하였다. 내가 입힌 들의 백합화가 더 아름다운 걸 아직 모르느냐. 내가 입혀주는 옷으로 입어라'라고 말씀하시는 것 같다.

주님이 입힌 들의 백합화를 생각해 보았다. 화려하지 않아도 그 수수함이 아름답고, 햇빛을 주시면 햇빛을 맞고, 비를 주시면 비를 맞고, 바람을 주시면 바람을 느낀다. 크고 멋진 정원에 심겨지고 싶다고, 좀 더 예쁜 색으로 입혀 달라고 하지 않고 언제나 그 자리에서 방긋방긋 웃고 있다.

주님은 '조선아, 너희는 먼저 너희의 눈을 나에게 향하거라. 그 영혼에게 내가 나의 밝음으로 먼저 입힐 것이다'라고 말씀하시는 것 같다.

"눈은 몸의 등불이니 그러므로 네 눈이 성하면 온 몸이 밝을 것이요"

(마 6:22)

주님은 어떤 이루어지는 일보다 지금 우리의 눈이 주님을 향하 길 원하신다. 그러면 우리에게 밝음이 되어주신다. 주님이 밝음 으로 입혀주신 옷을 입으면 세상을 살아가면서 만나는 어떤 문 제 앞에서 주님을 의지하는 자로 서게 된다. 그런 자의 삶은 날마 다 하나님을 사랑하는 자로, 하나님이 기뻐하는 그 의를 위해서 하나님 곁에 있다.

이것이 "너희는 먼저 그의 나라와 의를 구하라"라고 하시는 주님 말씀 을 이루는 삶이다. 그러기에 우리는 내일 무엇을 먹을까, 입을까 걱정하는 자가 아닌 오늘 주님 곁에서 기뻐하는 자로 살 수 있다.

오늘 들의 백합화에게 주신 햇빛과 비와 바람은 내일도 똑같이 주어진다. 어린 딸에게는 엄마만 있으면 되었다. 엄마와 함께 밥 먹고 함께 자고…. 함께 있다 보면 어린 딸이 자랄 때 딸에게 필 요한 것이 무엇인지 엄마는 알고 준비를 한다.

오늘 주님을 향한 나의 믿음 없음이 부끄럽다.
주님이 입히신 들의 백합화가 온갖 영광보다 아름답다고 하시 는 말씀을 가슴에 새겨본다.

「주님,
주님이 입혀주신 옷이 가장 아름답습니다.
겸손히 당신과 함께 행하는 삶이 되게 하소서. 아멘.」

29

짧아진 아버지의 바지처럼

고베에 있는 짐을 정리했다. 고베에서의 2년 정도의 삶은 많은 만남을 허락하셨고, 삶의 편리함도 허락하셨던 시간이었다. 다시 오사카 마츠바라에 있는 집으로 옮기게 되었다. 이 땅에서 몇 번의 이사 를 하면서 쌓아두지 않으면서 살겠다고 생각했는데 시간이 흐르 니 또 모아진 것들이 너무 많다. 옷도 많아졌고 그릇들도 많아졌 다. 옷은 크게 두 뭉치를 재활용에 내놓았다. 그릇들은 우리 조선 인들과 다 같이 모여 먹을 날을 기대하며 가져가기로 했다.

마츠바라 집은 5년 전 오사카로 처음 올 때 어느 할머니가 사 시던 빈집을 일본교회 성도들이 준비해 주었다. 할머니의 손때가 묻은 살림이 그대로 남아 있는 지은 지 60년이 된 일본식 작은 주 택이다.

딸과 전화 통화를 하며 다시 마츠바라로 간다고 했더니 "그 집 일본 같아서 너무 좋잖아"라며 기뻐해 주었다. 전화를 끊고 나니 그것이 왠지 위로가 되었다.

주일 예배를 마치고 일본 성도들이 오랫동안 비어 있었으니 다 같이 가보자고 하였다. 일본 집은 보일러가 없기 때문에 주방이나 욕실의 온수는 순간온수기를 사용해야 한다. 그런데 온수기가 너무 오래되어서 작동이 되지 않았다. 며칠이 지나고 일본 성도로부터 전화가 왔다. 온수기를 교체하기 위해 사람이 방문할 테니 시간에 맞춰 집에 있으라고 말했다. 주님은 따뜻한 물로 또 위로하셨다. 이렇게 한 걸음씩 마츠바라로 움직이게 하셨다.

어느 것이 정답인지 잘 모르는 때는 환경과 상황이 움직이는 대로 따라간다. 버티지 않고 움직이는 것에 감사하다.

드디어 이사하는 날이다. 일본 성도들은 자동차를 가지고 고베에 와서 같이 짐을 옮겨 주었다. 일본 할머니가 사시던 집에는 크고 까만 불당(신당)이 있었다. 일본인들은 집집마다 죽은 사람을 모시는 곳을 만들어 놓고 아침저녁으로 인사를 한다. 손님들도 그 집에 가면 두 손을 모으고 불당 앞에서 인사를 하는 것이 문화이다. 매일의 삶이 우상숭배의 절정인 것이다. 나는 이 큰 불당을 선반처럼 사용했지만 늘 신경이 쓰였다. 이제는 집주인이 처분해도 괜찮다고 하자 일본 성도들이 불당을 해체해서 버려주었다. 이렇게 주님은 또 위로하셨다. 마츠바라 집은 웃음으로 가득했다. 그 추운 날에도 함께 이사를 기뻐하며 축복해 주었다.

다음 날 오전에 택배가 도착했다. 석유난로와 전자레인지였다.

대부분의 일본 집들은 석유난로나 전기난로로 난방을 한다. 우리 집을 다녀간 어느 성도께서 오래된 석유난로와 전자레인지를 바꿔주고 싶었던 모양이다.

그날 오후에 택배가 또 왔다. 전기난로와 전자레인지였다. 다른 성도께서 또 보내주신 것이다. 다음날도 택배가 도착했다. 이번에는 할머니의 오래된 청소기를 바꿔주셨다. 그렇게 택배는 며칠 동안 계속되었다.

'이것이 무슨 일인가?' 어릴 적 읽었던 글 하나가 생각났다.

아버지가 바지 하나를 사 오셨는데 좀 길었다.

다음날 아버지는 바지를 다시 입어보니 길었던 바지가 반바지가 되어 있었다. 반바지가 된 바지를 입으신 아버지는 너무 행복해하셨다. 그 이유는 가족 한 명 한 명이 조금씩 잘랐기에 반바지가 된 것이었다. 서로를 위하는 마음이었다.

우리 부부를 위하는 일본 성도들의 마음이 온전히 전해졌다. 그것은 어떻게든 위로하고 싶은 하나님 아버지의 마음이었다. 신발장 앞에 놓인 반품할 택배 박스를 보고 있노라니 괜스레 눈물이 나면서 반바지를 입은 아버지처럼 마음이 따뜻해졌다.

"딸아, 불편하고 어려운 것 내가 알고 있었다."

처음에 힘들고 불편해서 우리 조선인들의 삶을 느꼈던 집이다. 주님께서는 처음 마음을 다시 받기를 원하시는 모양이다. 나는

'여기서 다시 시작하자'라며 마음을 굳게 먹었다.

　주님은 일본 성도들의 섬김으로 당신의 마음을 알기 쉽게 알려주셨다. 주님은 내 속 저 밑에 보이지 않게 싸매고 있는, 꽁꽁 묶어 놓고 잘 감추면 괜찮다고 생각했던 내 슬픔의 보따리를 알고 계셨다.

　"낙심한 자들을 위로하시는 하나님이

　디도가 옴으로 우리를 위로하셨으니"(고후 7:6)

　나는 아가서에 나오는 술람미 여인을 좋아한다.

　정말 아름다운 것이 무엇인지를 알게 하는 여인이다. 아름다운 자는 자기의 어떠함에 매여있지 않다.

　"내가 비록 검으나 아름다우니"(아 1:5)

　검은 것에 관심을 두지 않고 오직 주님만 사랑하며 그분께만 매이고 싶음이 절절히 고백되어 있다. 검게 그을린 얼굴로 거친 들을 달리며 주님을 사랑하므로 병이 났다고 고백하는 술람미 여인이 사랑스럽다.

　"나는 내 사랑하는 자에게 속하였고

　내 사랑하는 자는 내게 속하였으며…"(아 6:3)

　사랑하는 자와 함께 하는 것이라면 그곳이 어디든 무엇이든 다 괜찮다. 우리는 주님의 나그네란 옷을 입고 사는 삶이다. 이 땅에 잠시 머물다 가는 삶이다. 때문에 깨끗하게 하느라 너무 애쓰지 않으련다. 주님의 나그네란 옷을 입고 주님께 속한 오늘이라면 검을지라도 아름답기 때문이다.

"내가 천국 열쇠를 네게 주리니 네가 땅에서 무엇이든지 매면 하늘에서도
매일 것이요 네가 땅에서 무엇이든지 풀면 하늘에서도 풀리리라"(마 16:19)

「주님,
'당신을 사랑하다가 병이 났어요'
이런 고백을 받는다면 얼마나 기쁘실까요. 아멘!」

30

'까악' 까마귀 소리도 주님의 것

일본에 살면서 겨울에도 김치를 자주 만들고 있다. 겨울 배추가 싸고 맛있어서 배추김치를 만든다. 한국에서처럼 김장을 하는 것이 아니라 김치가 떨어질 때쯤이면 그때그때 만든다. 주방의 여건과 소쿠리 크기, 배추를 절일 수 있는 큰 통에 맞춘 3-4포기의 배추면 김치를 담기에 가장 좋다.

나는 우리 집을 찾아오거나 내가 찾아가는 조선인, 일본인들에게 선물로 김치를 준다. 한국 김치보다 액젓을 조금 덜 넣고 소금으로 간을 맞춘다. 일본인, 조선인들은 젓갈 맛이 강한 것보다 소금 맛을 더 좋아하기 때문이다.

김치를 만드는 것은 어렵지 않지만 배추를 절이는 과정이 있어서 시간이 좀 걸린다. 김치 한 포기를 선물로 주면 너무도 기뻐하는 모습과 잘 먹는 모습이 감동이 되어 자꾸 만들어 주게 된다.

주일에 만난 일본 성도들이 조선 시장을 궁금해하고 마침 김치 담그는데 필요한 멸치액젓이 얼마 남지 않았기에 주중에 같이 조선 시장에 다녀왔다.

조선 시장(지금은 코리아타운이라고 불림)은 오사카 이쿠노(生野)에 위치해 있다. 이쿠노 지역은 일제 강점기 때부터 우리 조선인들이 부락을 이뤄 살던 곳이어서 지금도 그 흔적이 많이 남아 있다.

마을을 중심으로 물이 흐르는 긴 강둑은 강점기 시대에 우리 조선인들이 땅을 파서 만든 것이라고 한다. 그 시대 오사카시에서 미관을 위해 만든 것이라고 한다. 조선 시장에 올 때면 이 긴 강둑을 지난다. 그리고는 가족과 떨어져 낯선 땅에서 땅을 팠을 우리 청년들의 모습이 그려진다.

기나긴 세월이 흐르는 만큼 강물도 유유히 흐르고 있다.

그 청년이 결혼을 해서 아이를 낳았고, 그 아이가 아이를 낳았고, 그 아이가 아이를 낳았고, 또 낳았고 이제 5대가 흐르고 있다. 마을 곳곳엔 해방 이후 가내 수공업으로 삶을 살았던 조선인들의 흔적이 아직도 남아 있다. 그 삶을 중심으로 시장이 만들어져 지금의 조선 시장(코리아타운)이 된 것이다.

섬기고 있는 일본교회에 사회복지를 공부하고 졸업한 청년, 케이카(恩歌)는 이쿠노에 있는 복지관에서 복지사로 일을 하게 되었다. 이쿠노는 오사카에서 힘들고 어려운 사람들이 사는 두 번째 지역이라고 한다. 첫 번째 지역은 노숙자들이 많이 있는 니시나리(西成)라는 지역이다.

케이카는 아직 복지사로 일할 장소가 정해지지 않았을 때 아무도 가지 않으려 꺼리는 이쿠노를 마음에 품고 기도했다고 한다. 이곳에서 나이가 많으신 할아버지, 할머니들을 만나고 있는데 일본어를 사용하는 분들의 대부분이 조선인임을 알게 되었다고 한다. 말할 때 억양이 일본인과 다르고 이름이 조선 이름이어서 어렵지 않게 알게 되었다고. 그들과 이야기하면서 '긴 세월 동안 아픔과 어려움을 겪으며 사시고 있구나'라고 생각했단다.

우리학교에 함께 가고 그들과 함께 하는 것을 기뻐하는 케이카는 조선인들을 도울 수 있는 일을 하게 된 것이 하나님의 은혜라고 말한다. 케이카는 김치와 한글을 좋아한다. 그리고 매주 신문에 게재되는 내 칼럼을 읽기 위해 애쓰는 모습이 마냥 이쁘고 또 고맙다. 나는 그녀에게 김치를 만들어 주고 있다. 조선을 사랑한다고 말하는 이 일본 청년이 참 귀하다. 이 땅은 강줄기가 섞여 큰 강물을 이루듯 일본인과 조선인이 긴 세월 동안 섞여 함께 살고 있다.

매주 월요일 아침에는 '타는 쓰레기'(음식물 포함)를 내놓는 날이다. 시간이 정해져 있기에 그 시간에 내놓아야 한다. 미리 쓰레기를 내놓으면 까마귀가 와서 비닐을 뜯어 엉망으로 만들어 놓는다. 처음에 일본에 왔을 때는 어디서든지 까마귀를 볼 수 있어서 참 신기했다.

한 번은 집 앞에 날아온 까마귀를 보고 남편이 말했다.

"까악까악 카라스노 코에모 카미사마노 모노"(까마귀 소리도 주님의 것).

순간 모든 것은 주님의 것, 주님이 하신 것, 주님이 하고 있는 것, 주님이 하실 것이라는 은혜가 입혀졌다. 이 땅의 모든 것은 주님의 것이다. 이 땅에 끌려와 땅을 팠던 우리의 청년들 역시 주님의 것이다. 그들의 삶과 유유히 70년이 넘게 흐르고 있는 시간도 주님의 것이다. 그 시간과 함께한 슬픔도 주님의 것, 아픔과 기쁨도 주님의 것이다. 이 땅에서 일본인과 조선인으로 섞여 사는 것도 주님의 것, 이 땅의 회복도 주님의 것, 이 땅의 영광도 주님의 것이다.

코로나19로 시장이 열리는지 잠시나마 걱정한 것이 무색할 만큼 시장은 많은 인파로 북적거렸다. 김치 가게 앞에는 일본인들이 조선 김치를 사기 위해 길게 줄을 서서 기다리고 있었다.

주님은 일본인과 조선인을 서로 아픔도, 기쁨도 같이 걷게 하시고 있다. 나 역시 김치를 만들고 같이 먹으며 그들과 함께 그 길을 걸을 것이다. 주님의 것으로 주님이 영광 받으시기까지….

"잉태하지 못하며 출산하지 못한 너는 노래할지어다

산고를 겪지 못한 너는 외쳐 노래할지어다

이는 홀로 된 여인의 자식이 남편 있는 자의 자식보다 많음이라

여호와께서 말씀하셨느니라

네 장막터를 넓히며 네 처소의 휘장을 아끼지 말고 널리 펴되

너의 줄을 길게 하며 너의 말뚝을 견고히 할지어다

이는 네가 좌우로 퍼지며 네 자손은 열방을 얻으며 황폐한

성읍들을 사람 살 곳이 되게 할 것임이라"(사 54:1-3)

「주님,
'까악' 까마귀 소리도 주님의 것입니다.
모든 것의 주인 되신 주님을 신뢰합니다.
우리 삶의 역사를 이루어가시는 당신을 찬양합니다. 아멘!」

31

카모메 식당이 생각난다

"사모님 카모메 쇼쿠도(카모메 식당, '갈매기 식당'이라는 뜻)**라는 영화 보셨
어요?"**

주일 예배를 마치고 뒷정리를 함께하던 일본 성도가 물었다.
그러고는 나에게서 영화 속 카모메 식당이 느껴진다고 한다. 사
실 나는 그 영화를 여러 번 보았다.

영화의 내용은, 한 일본 여자가 핀란드에서 일본 가정식 식당
을 하면서 만나는 사람들과 사는 이야기이다. 잔잔하면서도 감
동이 있어 가슴을 적시고 싶을 때 편하게 다시 보게 되는 영화 중
하나다.

영화 속 장면 중에, 세월이 한참 지나도록 손님이 한 명도 들어
오지 않는 식당이지만 하루하루 성실히 자리를 지키는 것이 지
금의 할 일이라고 말하는 장면이 있다. 텅 빈 식당의 테이블을 매

일 닦고 마른 수건으로 매일 유리컵을 닦는다. 더 맛있는 커피를 만들려고 애를 쓴다.

엄마를 일찍 여읜 주인공은 일 년에 두 번, 소풍 가는 날과 운동회 날에 아빠가 만들어주었던 매실 절임 같은 것이 들어간 오니기리(주먹밥) 맛을 기억하고 있다. 그 맛을 잊을 수 없기에 핀란드 사람들과 함께 오니기리를 나누기를 소망하는 주인공의 마음이 잔잔히 흐르는 영화이다.

나는 오사카구 남쪽에 위치해 있는 마츠바라 시에 살고 있다.
마츠바라 시에는 오사카의 물을 책임지고 있는 수도국(수자원공사)이 있다. 그곳은 집 앞 골목을 지나 육교를 건너면 공원과 연결되어 있다. 수도국에서는 마을 주민들을 위해 큰 공원을 만들어 놓았다. 아침 8시가 되면 공사 직원이 자전거를 타고 와서 공원의 동서남북에 잠겨있는 문을 연다. 나는 그 시간에 맞춰 매일 아침 공원으로 간다.

사쿠라(벚꽃) 나무가 줄지어 서 있는 길을 따라 인공이지만 졸졸 흐르는 시냇물을 보며 걷다 보면 잘 정돈된 잔디 언덕을 따라 올라가게 된다. 언덕 위에는 오랜 세월을 알려주듯 크고 두꺼운 뿌리를 듬성듬성 보여주고 있는 사쿠라 나무들이 있다. 나는 덩그러니 놓여 있는 낡고 바랜 나무 의자에 앉는다. 나는 지금 내가 하루하루 성실하게 할 수 있는 일, 참고 기다리는 일을 하는 것이다.

"만일 우리가 보지 못하는 것을 바라면 참음으로 기다릴지니라"(롬 8:25)

가끔은 '조선이 무겁다…'라는 생각이 든다. 무거운데 내려놓을 수가 없다. 무거움의 무게만큼 사랑하게 되었나 보다.

예수님의 십자가 죽음 앞에서 예수님을 세 번이나 부인하는 그때의 베드로가 생각이 났다.

베드로는 믿음이 없어서 그런 것일까?

예수님을 사랑하지 않아서 그런 것일까?

'3년 동안 친구같이, 연인같이 함께 지내던 예수님의 십자가 죽음이 순간 무거웠구나'라는 생각이 들었다.

우리는 주님의 부르심을 받고 좁은 길을 잘 걷고 있지만, 여전히 예수님을 사랑하면서도 보지 못하는 것을 바라며 참고 기다리는 것이 무거워서 움츠러들 때가 있다.

결국 베드로는 예수님을 이처럼 사랑하기에 거꾸로 십자가에 달릴 수 있었다.

나는 과수원 지기의 딸이었다.

이른 봄이 되면 엄마는 겨울 동안 살아남은 복숭아나무의 가지를 잘라내는 '전지'를 시작한다. 그러면서 한 해의 열매를 바라신다. 어린 마음에 애써 자란 나뭇가지를 자르는 것이 아깝다는 생각이 들었다.

아궁이에 불을 지펴 아랫목이 따뜻해지는 겨울이 되면 엄마는 밀가루로 풀을 만들고 내내 모아 두었던 신문지를 일정한 크기로 잘랐다. 따뜻한 아랫목에 둥근 상을 펴고 앉아 엄마와 도란도란 이야기를 나누며 자른 신문지에 풀을 발라가며 봉투를 만들었다.

전지가 끝난 복숭아나무에는 꽃이 피고 작은 열매들이 달린다. 엄마는 작은 열매들 중 제일 좋은 것 하나만을 남기고 모두 잘라버리는 '적과'를 하며 열매를 바라셨다. 그때도 나는 잘라내는 작은 열매들이 아까웠다. 그리고 남은 하나의 복숭아 열매가 조금 자라면 겨울에 만들어 놓은 신문지 봉투로 열매 하나하나를 모두 감쌌다. 시간이 많이 걸리면서 열매를 바라는 소중한 시간이었다.

복숭아는 신문지 봉투 안에서 햇빛을 보고 비를 맞고 바람을 느끼며 크고 깨끗하게 자란다. 소중한 하나의 열매를 바라기까지 잘리고 버려지는 것들을 보며 안타까움, 아픔, 슬픔, 참음, 기다림을 고스란히 느꼈다.

예수님이 가파른 골고다 언덕으로 메고 가는 십자가는 무거웠다.

"이처럼 우리를 사랑하사"

이 십자가를 지셔야 했다. 예수님이 온 것은 십자가에 못 박히시어 사역을 완성하기 위함이다. 십자가의 고통이 예상되든, 직접 경험되든 그것이 너무 무거워서 도중에 발을 빼지 않으셨다.

예수님은 하나님의 계획에서 자기가 맡은 부분을 수행하셨다.

> "인자가 온 것은 섬김을 받으려 함이 아니라 도리어 섬기려 하고
> 자기 목숨을 많은 사람의 대속물로 주려 함이니라"(막 10:45)

나는 나를 향한 하나님의 계획의 선함을 확신하고 그 계획을 이루는 것보다 더 큰 갈망이 없음을 안다. 사실 보지 못한 것을 기다리는 것보다 눈에 보이는 편안함의 축복이 더 쉽다. 무겁다고 웅크리고 앉아 갈망과 현실 사이에서, 고난과 안락 사이에서 갈등하다가 결국 나아가지 못하면 주님의 목적에 쓰임 받을 수 없다.

> "너희 마음의 허리를 동이고 근신하여 예수 그리스도께서 나타나실 때에
> 너희에게 가져다 주실 은혜를 온전히 바랄지어다"(벧전 1:13)

그래! 웅크렸던 허리를 동이고 마음을 다잡고 담대함을 버리지 말자.

> "모든 은혜의 하나님 곧 그리스도 안에서 너희를 부르사
> 자기의 영원한 영광에 들어가게 하신 이가 잠깐 고난을 당한 너희를
> 친히 온전하게 하시며 굳건하게 하시며 강하게 하시며
> 터를 견고하게 하시리라"(벧전 5:10)

영화『카모메 식당』은 텅 비었던 테이블이 핀란드 사람들로 가

득 차고 오니기리를 주문하는 손님으로 끝이 난다.

「주님,
나를 회복시켜 충분한 은혜를 누리며 그날을 기다리게 하소서. 아멘!」

32
좋은 땅에 씨앗을 심자

나는 일본 땅에 살면서 가끔 지진을 경험하고 있다.

첫 지진은 일본, 토요타에서의 삶을 시작하고 얼마 안 된 어느 날, 아이들을 학교에 보내고 남편과 점심을 먹고 있는데 식탁이 흔들렸다. 그때까지 단 한 번도 지진을 경험하지 못했던 나는, 지진이 온 줄 모르고 남편이 식탁을 흔들며 장난을 치는 줄 알았다. 나는 진도 3의 첫 지진을 그렇게 경험했다. 며칠 후 모두가 잠든 한밤중에 집이 좌우로 한참 동안 흔들거렸다. '아, 이것이 지진이구나' 하는 순간 무섭다는 생각이 밀려왔다.

이 땅에 살면서 지진을 경험하는 것은 일상이다. 텔레비전을 보면 지진이 일어났을 땐 자막으로 지역과 몇 도의 지진인지 알려준다. 이것은 특별한 사건이 아니고 자주 있는 보통의 일상이다. 오늘도 텔레비전 자막에서 이 땅에는 지진이 일어나고 있다.

3월 11일은 2011년 동일본(東日本) 대지진이 일어난 날이다.

이 지진이 일어나고 우리 가족은 한 달 후 일본으로 왔다. 그런데 얼마 전 10년 전 그 지역에 다시 지진이 일어났다. 일상의 지진이 아니라 진도 6강, 7의 지진이었다. 10년 전, 수많은 생명을 가져간 지진의 여진이라고 한다. 그날의 무서움이 아직도 남아 있는 백성에게 다시 동일한 공포가 덮였다.

10년 전 대지진 때 행방불명된, 당시 고1이던 딸에게 답장 없는 이메일을 매일매일 보내고 있는 아버지가 있다.

2011년 3월 11일 '딸아 어디에 있니? 아빠가 지금 갈게.'

10년이 지난 지금까지 매일 이메일을 보내는 아버지의 손이 떨리고 있었다. 여진은 한참 먼 거리에 있는 이곳 오사카까지 밀려왔다.

오늘 텔레비전에서 10년 전 지진으로 아들과 남편을 잃은 여인의 이야기가 방송되었다. 그 당시 쓰나미로 집이 쓸려 가면서 아들이 행방불명이 되었고 아버지는 없어진 아들을 찾느라 4개월간을 헤매고 다녔다고 한다. 4개월 후 DNA 감정을 통해 뼈만 남아 돌아온 아들을 확인했다고 한다. 그리고 한 달이 채 안 되어 아버지도 하늘나라로 떠났다고 한다. 그리움으로 사는 여인은 남편과 아들이 좋아했던 쿠루미모찌(호두떡)을 자주 만든다고 했다.

TV에서 본 쿠루미모찌는 우리나라 흰 찹쌀 인절미에 호두로 만든 쨈 같은 것을 올려 먹는 모양이었다. 남편과 아들이 너무 좋아해서 보통은 아침부터 끼니가 그것이었단다. 방송을 보는 내내 이 여인의 눈가에는 흐르지 않는 눈물이 고여 있었다.

나는 10년이 넘는 시간을 이 땅에 살고 있다. 이 땅은 슬픔이 많다. '이 땅의 백성들은 슬픔을 나눌 누군가가 필요하기에 무엇이든 신이 된 것일까?'라는 생각을 했다.

집집마다 신당이 있고 집 앞 거리에서는 손뜨개질을 해서 빨간 모자를 씌워놓은 아기 신을 쉽게 볼 수 있다. 이 땅의 팔백만의 신이 이 백성의 슬픔이라는 생각이 들었다.

예수님은 제자들과 나인이란 성으로 가시다가 독자 아들이 죽어 슬픔에 잠긴 과부를 만난다. 예수님은 유독 슬픔이 있는 자들을 불쌍히 여기신다. 그리고 바라보신다.

"주께서 과부를 보시고 불쌍히 여기사 울지 말라 하시고"(눅 7:13)

그 모습을 가만히 그려보았다. 살아있는 예수님이 가고 있는데 저기 죽은 청년과 슬픈 과부가 울며 다가오고 있다. 예수님은 어떻게 하실까? 예수님은 울고 있는 여인을 불쌍히 여기시고 아들을 살리심으로 슬픔을 해결하신다.

나인성 과부 이야기는 예수님이 기적을 행하셨다는 이야기일까? 살아계신 예수님이 죽음과 슬픔을 만났을 때 일어나는 이야기이다. 복음이다. 예수님이 먼저 긍휼로 다가와 값없이 생명을 주었다. 복음은 생명을 주고 눈물이 변하여 기쁨이 되게 하고 슬픔이 변하여 춤을 추게 한다.

1549년 프란치스코 자비에르 선교사가 규슈(九州) 남부의 가고시마(鹿児島)에 상륙하면서 이 땅에 복음이 들어왔다. 하지만 1597년 도요토미 히데요시의 금교령이 선포되면서 수백 년 동안 기독교가 박해를 당하고 이 땅은 순교의 피를 받아낸다.

이 땅에 복음이 사라진 것 같았지만 하나님은 거룩한 씨를 남겨 놓았다. 나가사키(長崎) 히라도(平戸)에는 기독교 박해 사건들이 전시되어 있고, 1,500년 후반부터 250년간 기독교인들이 숨어 지낸 11곳이 세계문화유산에 등재되어 있는 것이 그 증거들이다.

마태, 마가복음서를 보면 예수님은 씨 뿌리는 비유를 말씀하시면서 복음이 심어지는 심령을 말씀하셨다. 어찌 보면 이 땅은 길가, 돌밭, 가시밭같이 선한 영적 열매들이 잘 일어나지 않는 땅 같다. 그래서 선교가 인기가 없다.

영화감독은 영화를 만들 때 그냥 만들어 내는 장면이 하나도 없다고 한다. 관객은 영화를 끝까지 본 후에야 왜 그 장면을 만들었는지, 왜 그때 그런 말을 했는지 알게 되고 공감을 하게 된다. 이 땅이 지금 순종하지 않음은, 지금 애굽의 바로같이 완악함은 하나님이 만드시는 영화이다.

이 땅은 메마른 땅이 아니요 눈물이 많은 불쌍히 여김을 받는 땅, 좋은 땅이다!

이 땅은 순교의 피가 곳곳에 흐르고 거룩한 씨가 심어져 있는 주님이 기억하는 땅, 좋은 땅이다!!

이 땅은 주님이 사랑하는 조선이 함께 살고 있는 영광의 땅, 좋은 땅이다!!!

"좋은 땅에 떨어지매 자라 무성하여 결실하였으니

삼십 배나 육십 배나 백 배가 되었느니라"(막 4:8)

일꾼은 좋은 땅에 씨앗을 심는다.

"너는 사망으로 끌려가는 자를 건져 주며 살륙을 당하게 된 자를

구원하지 아니하려고 하지 말라 네가 말하기를 나는 그것을

알지 못하였노라 할지라도 마음을 저울질 하시는 이가

어찌 통찰하지 못하시겠으며 네 영혼을 지키시는 이가 어찌

알지 못하시겠느냐 그가 각 사람의 행위대로 보응하시리라"(잠 24:11-12)

「주님,
일본 땅의 나인성 과부들을 돌보아 주소서.
복음의 생명이 흘러 눈물이 변하여 기쁨이 되게 하시고
슬픔이 변하여 춤추게 하소서. 아멘!」

33
성령님의 바람이 전하여 준 말

나는 잘못된 습관 때문인지, 다른 이유 때문인지 모르지만 학창시절부터 위가 건강하지 못하다. 이날도 가슴 밑이 좀 아팠지만 자주 있는 일이기에 대수롭지 않게 여기고 아침 정해진 시간에 공원으로 갔다.

"평안을 너희에게 끼치노니 곧 나의 평안을 너희에게 주노라

내가 너희에게 주는 것은 세상이 주는 것과 같지 아니하니라

너희는 마음에 근심하지도 말고 두려워하지도 말라"(요 14:27)

나는 이 시간을 소중하게 여긴다. 내가 가장 잘할 수 있는 것으로 지키고 있는 하나님과 함께 있는 시간이다. 하나님은 어디나 계시다는 것을 알지만 거기서 나를 기다리고 계신 것 같아서 쉴 수가 없다.

그런데 가슴 밑이 더 심하게 아팠다. 의자에 앉아서 가슴에 지

굿이 손을 대었다. 안 아프게 해 달라고 기도를 하는 것도 아니었다. 그저 눈을 감고 하늘을 향해 있었다. 뭔지 모르게 살갗에 느껴지는 공기가 부드럽고 따스한 느낌이 들어 눈을 떴다. 시선이 멈춘 파란 하늘이 액자 속의 사진처럼 선명하게 들어왔다.

그때 공기일까, 바람일까, 갑자기 '딸아, 고맙구나'라는 너무도 부드러운 음성이 들렸다. 두 눈에서 조용히 눈물이 흘렀다. 우리 하나님 어쩜 이러실까. '딸아 아프냐'라고 하시는 것도 아니고 아무 준비도 못 했는데 '훅' 하고 들어오셨다. 하늘 평안이 임했다.
'주님, 저도 고맙습니다.'
나를 완전하게 아시는 주님의 응답이었다. 나는 아픈 것이 낫는 것보다 이것이 더 기뻤다.
"하나님이 우리에게 주신 것은 두려워하는 마음이 아니요
오직 능력과 사랑과 절제하는 마음이니"(딤후 1:7)

제임스 휴스턴이 쓴 『기도』라는 책에 '기도는 하나님과의 우정이다'라는 글귀가 있다. 나는 하나님과 우정을 쌓아가고 있다. 편한 친구가 그렇듯 기도에는 형식도 없고 어떠한 기준도 없다. 그저 하나님과 함께 있어 좋은 것이다. 사실 나는 친한 친구가 없다. 나이가 들면서 더 없어졌다. 친구와의 우정을 만들기 위해서는 노력이 필요하다. 함께 시간을 보내야 하고 요즘 시대에는 특히 SNS와 이메일도 잘해야 한다. 나는 이런 것을 잘 못한다. 그래서 가끔은 사람을 좋아하지 않는 것처럼 보여 오해를 받기도

한다.

기도도 그렇다.

주님과 함께하면서 주님을 알아가는 것이다. 사실 시간을 함께
많이 갖지 않는 친구에 대해서는 모르는 것이 많다.

"…네가 이 사람들보다 나를 더 사랑하느냐…"(요 21:15)라고 물으시는 주
님은 우리가 주님을 더 잘 알기를 원하신다. 그러면 주님은 당신
의 생각, 마음을 모두 알려주신다. 나의 생각은 점점 제거되고 그
분의 뜻으로 채워진다. 하나님이 이루시고자 하는 계획에 동행하
는 삶을 살게 된다. 우리가 기도하는 응답 이상의 삶이다. 그리고
온전히 걸을 수 있도록 하늘의 영광을 보여주신다.

마가복음 9장에 예수님은 베드로, 요한, 야고보를 데리고 함께
기도하러 가셨다. 그때 제자들은 예수님과 함께 있다가 하늘의
영광이 주님에게 나타나는 것을 보았다. 하늘의 영광을 본 자들
은 그것을 위해 걸어갈 수 있다.

나는 오늘 주님에게 평안을 받았다.

두려워하는 내게 잘하고 있다고, 힘을 내라고, 이 자리에 있어
고맙다고, 성령의 바람이 전해 주었다. 용기가 났다. 멈추지 않고
걸어갈 수 있음에 감사하다.

나는 오늘도 이 땅, 일본 땅에서 조선을 위해 기도한다.

언젠가 북한 성도의 외침을 글귀로 읽은 적이 있는데 잊히지가 않는다.

"하나님! 남조선에만 가지 마시고 우리 공화국에도 오시라요."

"이스라엘 하나님의 영광이 동쪽에서부터 오는데
하나님의 음성이 많은 물 소리 같고 땅은 그 영광으로 말미암아 빛나니"

(겔 43:2)

「주님,
주님을 찾는 저들과 함께해 주소서.
이 땅에 사는 조선과 함께해 주소서.
원형 조선을 회복하시어 당신이 이루고자 하는 계획에
동행하는 나라가 되게 하소서.
조선 땅의 영광을 기억하소서. 아멘!」

34

나는 너희를 한 번도 잊은 적이 없다

오사카 남쪽 하비키노시(羽曳野市)**에 있는 메구미나 교회에서 차로 15**분 정도 가면 포도밭이 많은 마을이 나온다. 카난(河南)쵸(町)라는 마을이다. 이 지역 일본인들은 '카난'을 '가나안'이라고 발음한다. 하나님이 이스라엘 백성을 애굽의 노예에서 빼내어 인도한 가나안과 같은 이름이다.

"네게서 날 자들이 오래 황폐된 곳들을 다시 세울 것이며

너는 역대의 파괴된 기초를 쌓으리니

너를 일컬어 무너진 데를 보수하는 자라 할 것이며

길을 수축하여 거할 곳이 되게 하는 자라 하리라"(사 58:12)

이 마을을 싸고 있는 모리아 산이라는 큰 산이 있다. 처음 지명을 듣고 무척 놀라웠다. 카난쵸는 물이 두 갈래로 갈라지는 큰 강이 있어 스이분(水分)이라고도 불리기도 한다. 스이분을 볼 때면

애굽 군대에 쫓기는 이스라엘 백성에게 하나님이 함께하심을 보여준 홍해가 생각난다. 그런데 그 의미로 지어진 지명이라고 해서 더 놀랐다. 알면 알수록 너무 신비하고 궁금해지는 지역이다.

2019년 4월 봄을 지나면서 카난, 그곳에 가서 예배를 드려야 겠다는 마음이 들었다. 일본 성도들과 매주 주일 예배를 마치고 모리아 산에 올라가 찬양과 기도를 했다. 일곱 번, 일곱째 주일을 끝으로 멈추었다. 그리고 2년이라는 시간이 흘렀다.

왜 하나님은 일본 땅에 있는 내게 조선을 기도하게 하실까?

왜 지금까지 유독 조선을 분리 가운데 두실까?

1945년 일본으로부터 해방이 되고도 남한이나 북한으로 돌아가지 못한 조선인 60만 명이 이 땅에 남았다. 이스라엘 백성이 애굽에서 출애굽 한 60만 명과 같다. 이스라엘은 아브라함으로부터 태어난 민족이고 하나님의 구속 계획에서 온 세상을 향한 부르심을 가지고 있는 민족이다(창 12:1-3).

주후(主後) 70년, 로마에 의해 예루살렘 성은 멸망을 하고 이스라엘 백성은 전 세계에 디아스포라로 나라 없는 민족으로 살게 된다. 제2차 세계대전(1939년~1945년)이 일어나고 조선은 일본으로부터 해방이 된다. 그즈음 이스라엘은 UN으로부터 팔레스타인 땅에 유대인 국가를 건설하는 것을 인정받았다. 마침내 이스라엘은 1948년 5월 14일 1,900년의 기나긴 홀로코스트 아픔으로부터 독립이 되었다. 아브라함, 이삭, 야곱에게 하신 축복의 언약이 모든 이방 민족에게까지 흘러가도록 하기 위해 이스라엘이 겪어야만 했던 시간이다.

"그들이 칼날에 죽임을 당하며 모든 이방에 사로잡혀 가겠고
예루살렘은 이방인의 때가 차기까지 이방인들에게 밟히리라"(눅 21:24)

같은 해, 조선은 대한민국(8월 15일)과 조선민주주의 인민 공화국(9월 9일)으로 각각 건국되었다. 그리고 70년이 넘는 시간이 흐르고 있다. 일본 땅에 있는 조선학교의 시간도 같이 흐르고 있다. 우리 조선이 이스라엘과 닮았다.

1948년 이스라엘이 다시 세워지기 훨씬 이전부터 이스라엘을 위해 기도하던 민족이 있다. 일본이다. 일본 땅에 1549년 복음이 들어오지만 수백 년 동안 기독교는 박해를 받게 되었고 1860년대 사라진 박해 속에 바알에게 무릎 꿇지 아니한 남은 자 2만 명이 있었다. 예수님의 다시 오심을 기도했던 나가타 주지(中田重治) 목사님의 가르침으로 이스라엘의 회복의 기도가 시작되었다.

1939-1945년, 일본이 제2차 세계대전으로 전쟁이 한창인 무렵, 유럽에서는 나치에 의한 유대인의 체포령이 내려졌다. 당시 독일 외교관으로 있던 스기하라 지우네(杉原千畝) 외교관과 그 일행의 목숨과 맞바꾼 결단으로 수천 명의 유대인이 시베리아를 통해 고베(神戸)항으로 피난을 왔다. 전쟁 한복판에서도 나가타 주지 목사님과 신학생, 성도들은 그들에 대한 원조 활동을 펼쳤다. 오사카, 고베 등 쫓겨 온 유대인들이 머물렀던 곳에 먹을 것

과 생활용품을 갖다 주며 위로했다.

"여러분이 지금 이렇게 나치에게 쫓기고 있지만 성경은 이스라엘 회복을 약속하고 있습니다. 언젠가 예루살렘에 이스라엘이 재건될 터이니 지금 상황을 탄식하지 마시고 안심하십시오. 매일 수십 년간 이스라엘을 위해 기도하고 있으니 이 기도는 반드시 이루어질 것입니다."

온 국민이 하나 되어 신사참배를 해야 하는 때였기에 이 일로 많은 목사님, 신도들이 체포되어 말할 수 없는 고난과 박해를 당했다. 기독교인이 전체 인구의 1%로도 안 되는 일본의 교회는 지금까지 이스라엘을 위해 기도하고 있다. 내가 섬기고 있는 메구미나 교회도 이스라엘의 회복과 구원을 위해 기도한다. 이 땅의 남은 자들의 거룩한 기도가 복이 있다.

1910년 조선이라는 나라가 사라졌다. 하지만 이것은 사라진 것이 아니라 감추어진 것이다. 감추어졌다는 것은 이유가 있어서이다. 1,900년 동안 사라진 이스라엘이었지만 아브라함을 부르셨던 그때부터, 하나님은 이스라엘을 잊으신 적이 있었을까? 결코 그럴 수 없다(롬 11:1). 우리 조선(朝鮮)은 하나님과 로맨스가 있는 민족이다.

"내가 너희를 버렸겠느냐.

나는 너희를 한 번도 잊어 본 적이 없다."

조선(朝鮮)이 하나님 사랑 안에 그대로 있다.

나는 일본 땅에서, 하나님의 처음 사랑인 이스라엘의 회복과 마지막 히든(hidden) 사랑인 조선의 회복을 기도하는 예배자로 살고 있다. 이방인의 구원과 이스라엘 구원이 완성될 때 이 기나긴 구원의 완성, 선교의 완성이 이루어질 것이다. 드디어 예수님이 이스라엘의 왕으로 다시 오시는 것이다. 예수님을 믿고 구원을 받았다면, 주님을 사랑하는 것이 거짓이 아니라면, 하나님이 그 아들을 향해서 가지고 계신 목적을 도와야 한다(요 18:37). 이것이 구원받은 자의 사명이다.

그리스도의 증인된 자인 우리는, 각각의 위치가 있다. 하나님 안에서 내가 무엇을 해야 할지를 생각해 보아야 한다. 혹 이것은 어렵고 특별하다고 생각할 수도 있다. 지금 난 내 안에 있는 문제만으로도 충분히 아프고 힘이 드니까.

하지만 하나님의 형상을 따라 지음 받은 우리는 하나님을 위해서 사는 것이 참 복임을 알아야 한다. 하나님이 정말 나에게 원하는 것을 함께 해드리자. 시대, 시대마다 주님의 일이 그런 자들을 통해 이루어지고 있다. 나는, 조선은, 전 세계는, 모든 것은 하나님을 위해 존재한다.

「마라나타! 주 예수여 오시옵소서. 아멘!」

35

그리고 우리의 믿음이 되셨다

사쿠라(벚꽃) 꽃잎으로 화려했던 나무들이 푸른 잎사귀로 하늘을 가릴
만큼 무성한 숲을 이루었다. 더운 날씨를 피하기 위해 그늘이 된
그 밑으로 잠시 들어갔다. 그러고는 나도 모르게 잎사귀 안을 들
여다보았다. 드문드문 발그레 작은 열매들이 보였다(벚꽃은 6-7월
즈음 더운 여름이 되면 굳은 씨 열매를 맺는다).

얼마 전에 읽은 마가복음 11장의 예수님이 저주하신, 잎이 무
성한 무화과나무가 생각이 났다. 잎이 무성한 무화과나무에 열매
가 없다는 이유로 다시는 열매를 내지 못하고 뿌리로부터 마르
는 심판을 하셨다.

무화과나무는 다른 나무와 달리 꽃이 피지 않고 열매와 잎이
거의 같은 때에 나타나기 시작한다. 예수님은 마침 시장하셨다.
그래서 잎사귀들로 풍성한 무화과나무에는 당연히 열매가 있을

것이라 기대하시고 찾으셨다. 그런데 열매가 없었다. 여기에 예수님의 응답은 틀림없이 같이 있던 제자들을 무척 놀라게 했다 (성경에서 무화과나무는 이스라엘을 은유적으로 표현하고 있고 여기서는 이스라엘에 대한 하나님의 심판을 말씀하신 것이다).

예수님은 잎이 그처럼 무성한데 열매가 없는 것을 보시고 저주를 한 것이다. 그리고 바로 제자들을 향해 "하나님을 믿으라"라고 말씀하셨다.

열매는 믿음이었다. 예수님은 믿음이 없는 나무를 심판하셨다. 믿음은 모든 일에 있어서 설령 하나님이 없는 것 같고 전혀 응답하지 않을 것 같은 때에도 하나님을 신뢰하는 것이다.

"너는 노아를 비웃던 자들과 달리 나를 신뢰하느냐?"

코로나로 긴 시간을 지나면서 우리에게 풍성하게 붙어있던 잎사귀들이 하나씩 떨어지고 있다. 그리고 알게 되었다. '믿음이 없다, 믿음이 작다, 믿음이 크고 튼실하다'라는 말이 무슨 뜻인지. 주님은 그동안 풍성한 잎사귀에 가려져서 잘 몰랐던 것들을 보게 하신다.

교회에 풍성하게 붙어있던 잎사귀를, 선교지에 풍성하게 붙어있던 잎사귀를, 나에게 풍성하게 붙어있던 잎사귀를 하나씩 떼시는 것 같다. 주님은 화려한 잎사귀들의 잔치에는 관심이 없으시다. 나무 어딘가에 달려 있는 진짜 믿음을 찾고 계신다.

"나는 인애를 원하고 제사를 원하지 아니하며 번제보다

하나님을 아는 것을 원하노라"(호 6:6)

세상은 긴 시간 동안 멈추어 있다.

오늘 일본 텔레비전에 한 청년이 건물 옥상에 올라가서 "더 이상은 못 참아"라며 소리 지르는 모습이 나왔다. 일본 정부의 긴급사태 선언이 발표되었다. 최소한의 생활에 가능한 가게를 제외한 대부분의 상점들과 문화시설이 긴 휴업에 들어갔다. 꼭 필요한 것들은 아니지만 우리를 즐겁게 하던 것들을 쉬게 하고 있다. 세상은 더 이상 못 참겠다고 야단이다. 복잡했던 세상이 단순해지고 있다.

솔직히 나는 코로나 이전의 바쁜 생활에서 육의 쉼을 누리고 있는 환경이 조금은 걱정되고 불안했다. 나는 평소 우리(조선)학교에 가서 급식을 하고, 아이들을 만나고, 선생님을 만나고, 엄마들과 함께 이야기하고, 같이 바자회를 준비하고, 한국 음식을 나누는 하루하루를 기뻐하고 뿌듯해했다. 솔직히 학교에 다녀오거나 엄마들을 만나는 것만으로도 만족할 때가 많았다. '아, 오늘도 열심히 사역했다' 하면서 말이다. 나는 무엇이든 사역(육체적 노동) 후 얻는 성취감과 몸의 피곤함을 좋아한다. 주방에서 밥을 못 하는 현실을 불안해하고 있는 나의 믿음 없음을 알게 되었다.

믿음은 어떤 상황에서도 하나님의 선함을 믿는 것이다. 그래서 나는 '코로나로 인해 하나님이 우리에게 시간을 참 많이 주시고 있다'라고 생각했다.

이 설명 없으신 고난은 그분의 사랑법이다. 마지막 때에 그동안 잎사귀에 가려서 잘 못 보았던 나무에 믿음이 달렸는지 보라고, 하나님을 신뢰할 만한 이유들이 모두 희미해져 버리는 어둠 속에서 여전히 주님을 신뢰하고 있는지 보라고, 멈춤과 단순해진 세상에서 더 주님을 사랑하고 거룩해지라고, 그리고 내가 얼마나 엉터리인지 주님의 마음을 잘 보라고 열방에 주시는 시간이다.

신부에게 가장 중요한 것은 깨끗함으로 신랑을 사랑하고 뜻을 함께하고 신뢰하는 것이다. 사복음서를 보면 예수님은 바쁘고 여러 곳을 다니면서 많은 사람들을 만나 기적과 표적을 일으키시고 복음을 전하신 후엔 언제나 조용히 한적한 곳으로 가셔서 아버지와 만나셨다. 아버지를 신뢰하므로 참 쉼을 누리셨던 것이다.

"아버지 사랑합니다.

아버지 뜻을 이루어드리는 아들이고 싶습니다."

그러기에 예수님은 가야바 뜰, 빌라도 법정, 헤롯왕 앞 그리고 골고다…. 그 길을 순종함으로 밀알이 되셨다. 그리고 또 하나의 열매를 바라시면서 우리의 믿음(열매)이 되셨다.

하나님을 사랑하고 뜻을 이루어드리기 위해서 사는 삶은 성령이 도우신다. 그리고 그에 합당한 열매들로 맺게 하신다. 이것이 주님이 찾으시는 믿음이지 않을까?

"오직 정의를 물 같이, 공의를 마르지 않는 강 같이 흐르게 할지어다"

(암 5:24)

「주님,
설명 없으신 고난도 당신의 사랑법입니다.
바라는 것은 어떤 상황에서도 당신의 선함을 믿고
주님을 기쁘게 해 드리는 사람이 되는 것입니다. 아멘.」

36

거룩한 질투가 자랑이 되어가고 있다

오랜만에 집에 손님이 찾아왔다.

몇 년 전(2016년) 우리(조선)학교에 갔다가 카메라에 아이들을 담고 있는 사진작가 재운 씨를 처음 만났다. 그는 아이들의 모습을 잘 담기 위해 사진 공부를 했단다. 운동장에서 뛰는 아이, 외발자전거를 타는 아이, 축구하는 아이들, 춤추는 아이들, 노래하는 아이들…. 아이가 넘어지면 같이 넘어지고, 아이가 뛰면 같이 뛰고, 아이가 웃으면 같이 웃으며, 크고 긴 카메라에 아이들을 담았다.

재운 씨는 크리스천이 아니다. 얼마 전에 우리학교 아이들 발표회가 있어서 구민회관에서 만났는데 많이 야위어 있었다. 그동안 많이 아팠단다. 그리고 한참 만에 전화가 와서는 주말에 집으로 오기로 했다.

"오면 잘 먹이고 잘 해주고 싶네"라고 남편이 넌지시 말한다.

나는 더운 여름을 대비해 아껴두었던 인삼 몇 뿌리, 역시나 지인이 보내준 아껴두었던 녹두, 대추, 마늘, 생강, 찹쌀, 닭을 준비했다. 오늘 메뉴는 녹두 삼계죽으로 정했다. 한국에서는 먹고자하면 언제든지 먹을 수 있는 음식이지만 여기서는 귀한 음식이다. 특히 녹두와 인삼이 그렇다. 그릇에 한가득 담아주니 양이 많다고 손을 내젓던 재운 씨는 천천히 다 먹었다.

내가 어렸을 때 우리 교회 예배당은 마룻바닥이었다. 나는 교회의 마룻바닥을 좋아했다. 나무의 감촉과 시원한 느낌이 좋았다. 오늘같이 더운 날에는 예배당의 시원한 마룻바닥과 어르신들의 투박하면서도 정감 있는 찬양 소리가 내 기억의 감성을 깨운다. 어떤 날은 그때가 서럽도록 그립기도 하다.

예배당 저쪽에서 할머니가 나지막이 부르시는 찬양 소리가 들리는 듯하다. 그때는 그 찬양이 너무 어려웠다.

"세상 즐거움, 세상 자랑 다 버렸네~
주 예수보다 더 귀한 것은 없네~
예수 밖에는 없네~~"

이 세상을 이만큼 살고 난 후에야 나는 할머니가 부르시던 찬양에 조금씩 공감하고 있다. 무익한 나에게는 자랑할 것이 없다. 그저 주님을 돕는 이로 사는 것이 즐거움이 되어가고 있을 뿐이다. 특별하고 굉장한 일은 아니다. 놀라운 그 무엇을 하는 것도 아니다. 이 땅에 생명 있는 동안 신랑 되신 주님을 사랑하며 그분이 일하실 수 있도록 돕는 신부로 사는 것이 소망이 된다.

누가복음 10장에 강도 만난 이웃 이야기가 나온다. 제사장에게 먼저 도울 기회가 왔는데 그냥 지나간다. 다음번엔 레위인에게 기회가 주어졌는데 역시나 그냥 지나갔다. 늦게 기회를 얻은 사마리아인은 강도 만난 자를 자신이 할 수 있는 최선의 희생으로 도와준다.

누가 주님의 돕는 이로 살아가는 삶인가?

"내가 주릴 때에 너희가 먹을 것을 주었고 목마를 때에 마시게 하였고

나그네 되었을 때에 영접하였고 …병들었을 때에 돌보았고

…내가 진실로 너희에게 이르노니 너희가 여기 내 형제 중에

지극히 작은 자 하나에게 한 것이 곧 내게 한 것이니라"(마 25:35-40)

주님의 돕는 이가 된다는 것은 내가 서 있는 위치가 어디든 좋을 때나 힘들 때나 사람들과 깊이 공감하고 그들의 행복을 위해 나의 것을 희생할 줄 아는 선한 마음을 갖는 것이다.

밀가루 조금과 기름 조금이 전부였지만 주님이 원하시기에 그것을 가지고 엘리야에게 떡을 만들어 대접한 샤르밧 과부의 헌신을 생각한다. 실은 이것은 특별하고 굉장한 것이다. 예수님을 돕는 자로 사는 건 이처럼 값지고 영광스러운 길을 걷는 것이다.

의무가 아닌 희생으로 시어머니(나오미)를 사랑으로 섬기고 믿음으로 따라나선 룻을 보자. 당시 유대 베들레헴의 분위기에서 모압에서 온 이방 여인이 낯선 사람들과 지내며 학대당할 위험을 감수하면서 이삭줍기를 한다는 것은 쉽지 않은 일이었을 것이다. 룻의 감동적인 희생, 순종, 정결함은 보아스의 눈에 들었고, 결국 보아스와 결혼하여 나오미와 엘리멜렉의 집안을 다시 회복하고 오벳을 낳고 다윗을 낳고 예수 그리스도가 오시는 길을 예비하는 자가 되었다.

오늘 아직 예수님은 모르지만 예수님을 알고 싶어 찾아온 형제와 함께 기도했다. 그리고 돌아갈 때 남은 죽과 깍두기를 냄새가 새어 나오지 않도록 꽁꽁 싸서 주었다. 이것이 나의 즐거움이 되었다.

예수님의 십자가의 사명은 이기적인 내가 변화되어 예수님처럼 사람을 사랑하며, 깊이 공감하며, 관계를 맺는 것, 그들에게 하나님 나라를 알리는 것, 결국은 그 땅에 마귀에게 빼앗긴 하나님의 통치가 다시 회복되는 것이다. 하나님은 세상을 이처럼 사랑하사 독생자 예수를 희생시키셨다.

자격 없었지만 그 위대한 언약 안으로 성큼성큼 침노하며 들어온 룻이 참 부러운 밤이다.

「주님,
룻을 향한 거룩한 질투가 나의 자랑이 되어 가고 있음에 감사합니다. 아멘!」

37

겁게 물들어가는 삶이 아름답다

"쿄우노 요루고항와 토우모로코시 고항데 도우?"

(오늘 저녁은 옥수수 밥 어때?)

마트 입구에 들어서니 초록초록한 옷을 입고 수염을 단 옥수수들이 많이도 있다. 일본 옥수수는 한국 찰옥수수와는 다르다. 삶지 않고 먹어도 될 만큼 부드럽고 달다. 과일 같다. 남편은 옥수수를 보더니 강원도 찰옥수수가 먹고 싶다고 한다.

살까 말까 고민하고 있는데 어느 일본인 부부의 대화가 들렸다.

"제법 날이 더워졌네. 옥수수가 맛있는 계절이지.

오늘 저녁으로 옥수수밥이 어떨까?"

일본인 부부의 대화를 들으며 남편과 나도 맛있어 보이는 옥수수 하나를 챙겼다. 그러고는 서로 말하지 않아도 언젠가 그날의 우리 모습을 떠올리며 미소지었다.

우리는 "날도 쌀쌀한데 저녁에 돼지고기 사다가 김치찌개 어떨까?"라고 이야기하고 있었다. 그날 그 마트에서 하나님이 준비하신 조선 할머니가 우리 부부 이야기를 듣고 있었다.

그렇게 시작된 조선인 사역이 가랑비에 옷 젖듯이 삶에 물들고 있었다.

하나님의 일은 소나기가 퍼붓듯, 빛이 '짠'하고 비추듯 '이거야' 하며 시작되지 않는다. 다른 사람은 어떨지 몰라도 최소한 나는 그렇다. 지나치기가 마냥 쉽다. 마냥 지나칠 일을 기억하게 되는 것, 소중히 하게 되는 것은 주님의 성실한 은혜이다.

답답하여도, 밀려오는 혼란으로 뒤얽혀도, 이것이 옳은가 의심이 들어도 은혜를 입은 삶은 잘 포기하지 않는다. 노아처럼 말이다. 노아는 긴 삶의 여정에 어리석을 만큼 믿음의 선한 싸움을 감당했다. 노아의 방주는 그 증거다. 하나님과 마음을 합한 자, 하나님의 계획과 비전을 온전히 소유한 자의 진한 삶을 감히 갖고 싶다.

세례요한은 예수님처럼 잉태될 것을 예고 받고, 뱃속에서부터 은혜를 입은 자이다. 뱃속에 있는 예수님을 알아보고 엄마 뱃속에서부터 기뻐했다. 예수님의 오심을 준비한 자, 요단강에서 회개의 세례를, 그 신들메를 풀기도 감당 못 할 예수님께 세례를 베푼 자이다. 그의 삶 전부가 예수님을 기뻐하며 기다린 삶이었거늘 감옥에 갇힌 언젠가, 오실 그분이 당신이 맞느냐고 아니면 다른 분을 기다려야 하냐고 묻는다. 예수님은 그저 이 땅에 오신 목적을 나타내어 보이신다. 그렇게 복음 앞에 다시 세우셨다.

그리고 "누구든지 나로 말미암아 실족하지 아니하는 자는 복이 있도다"(눅 7:23)라고 하셨다.

나는 어떠한가?

삶의 틈에서 "주님이 하시는 것 맞으세요?"라고 믿음 없음을 짜증으로 고백하지는 않는가?

아침 일찍 주인의 눈에 띄어 포도원 밭으로 들여보내진 일꾼은 실은 좋았지 않았는가? 무척 기쁘지 않았은가?

그러나 은혜를 종일 누렸음에도 걸려 넘어지게 된다.

일찍 들어왔으니까….

일을 많이 했으니까….

기도를 많이 했으니까….

문 닫을 시간이 다 되어 가는데 주인은 아직도 일꾼을 찾아 들여보낸다. 주인의 목적은 일이 아니기 때문이다.

포도원을 뛰어다니며 검게 물들여진 삶이 그저 아름답다 하시거늘…. 우리는 포도원에 비치는 뜨거운 햇볕에 감사하자. 이제 포도원 문 닫힐 시간이 얼마 남지 않았다. 이 시간도 남은 자를 찾으시는 주인의 열심을 위해 기도하자.

작은 시골 마트에서 만난 조선 할머니는 남은 자를 찾으시는 주님의 열심이셨다. 그리고 내게 소중히 하게 하셨다.

"믿음의 선한 싸움을 싸우라 영생을 취하라 이를 위하여 네가 부르심을

받았고 많은 증인 앞에서 선한 증언을 하였도다"(딤전 6:12)

몸도 목숨도 다 된 절체절명의 순간 자신의 삶을 진하게 물들였던 그 은혜 앞에 처절하게 몸부림치는 세례요한을 담아두는 밤이다.

「주님,
포도원에 비치는 뜨거운 햇빛에 감사합니다.
이곳에서 당신의 비전과 계획을 온전히 소유한
검게 그을린 삶을 살고 싶습니다. 아멘!」

38

그 가슴에 꽃다발 마음껏 담아주고 싶어라

세상이 온통 꽃다발 같은 계절이 왔다.

집 앞 뚝방 길을 걷노라니 길 따라 서 있는 사쿠라(벚꽃) 나무의 진분홍, 연분홍 꽃이 어느새 활짝 피어 눈 꽃송이를 이루었다. 그 아래에 다소곳이 빼어나온 노란 맨드라미들이 밭을 이루었다. 뚝방 아래에는 작고 하얀 싸리꽃잎들이 흩날리고 있다. 곳곳에 피어난 노란 개나리꽃이 그리움을 묻어낸다. 길가에 들풀들이 정겹다. 만물이 살아나고 있다. 누구에게 받은 꽃다발이 이보다 아름다울 수 있을까!

하나님이 주신 것이기에 가슴에 마음껏 담았다.

추운 날을 이기고 생명이 왔다.

일본은 4월에 모든 것이 시작된다. 처음 이 땅에 와서 다이어리가 4월부터 시작되는 것을 보고 무척이나 신기했다. 3월이 연

말이라고 한다. 4월이 되면 학교에서는 입학식을 하고, 관공서와 회사에서는 시무식을 하고, 심지어 텔레비전 뉴스 프로그램의 아나운서도 새 얼굴로 바뀐다.

오래전 이렇게 꽃다발 같은 날, 검정 치마저고리를 입은 한 조선 아이를 만났다. 그 아이는 자랐고, 성인이 되었고, 대학을 졸업했고, 회사를 내정 받아 4월부터 첫 출근을 하게 되었다. 몇 개월 전에 취업이 되어 기뻐하며 오사카 지점에 발령을 기도했다고 한다. 뜻밖에도 오사카에서 먼 후지산이 보이는 시즈오카 지역으로 가게 되었다.

시즈오카로 가기 전 우리는 맛있는 밥을 먹었다. 밥 먹고 싶을 때 언제든지 전화할 수 있었기에 늘 옆에 있는 것을 당연한 듯 여겼나 보다. 하나님이 계획하신 일은 크시고 능하신 것을 신뢰하면서 또 물음표를 던졌다. 왜 자꾸 하나 주고 가져가시고 하나 주고 가져가시냐고. 이렇게나 허전할 수가 없다.

하나님은 이 아이를 오랜 세월 우리 옆에 두고 뜸을 들이셨다. 그 시간을 지내는 동안 그저 하나님이 하시고자 하는 대로 초점을 맞출 수 있었음이 감사하다. 그리고 하나님은 자녀 삼으실 때는 독수리가 날갯짓하는 것 같이 강하고 급하게, 하지만 조금도 헝클어짐 없이 하나님의 계획대로 능하게 자녀로 취하셨다.

"한 사람의 범죄로 말미암아 사망이 그 한 사람을 통하여

왕 노릇 하였은즉 더욱 은혜와 의의 선물을 넘치게 받는 자들은

한 분 예수 그리스도를 통하여 생명 안에서 왕 노릇 하리로다"(롬 5:17)

이렇게나 이 아이에게 풍성한 구속을, 풍성한 생명을 입게 하
셨다.

'사랑하는 아이야~
다른 무엇이 아닌 넘치는 은혜와 의의 선물을 받고
시즈오카로 가는 발걸음이 참 복되구나.
너의 새로이 시작되는 생명 안에
예수 그리스도 한 분으로 벅찬 삶의 이유가 되길 기도한다.'

"그가 은을 연단하여 깨끗하게 하는 자 같이 앉아서

레위 자손을 깨끗하게 하되 금, 은 같이 그들을 연단하리니

그들이 공의로운 제물을 나 여호와께 바칠 것이라"(말 3:3)

봄비가 내리는 주일 아침, 가족이 식탁에 앉아 찬양과 감사로
예배를 드리고, 받은 은혜를 마음에 잘 담은 채 우리학교로 향했
다. 많은 비에도 불구하고 운동장에는 동포들이 많이 와 있었다.
마지막 학교 행사에 시간을 모으고 마음을 모으고 돈을 모아 함
께 했다.

나눠준 도시락에는 「1959년 11월~2023년 3월까지 소중한 시

간 함께 해주셔서 고맙습니다」라고 쓰여 있다. 뚜껑을 열어보니 잡채, 부추부침개, 김밥, 수육, 김치가 담겨 있다. 우리네 음식이다.

자리를 잡고 있는 우리 부부와 딸에게 비옷을 입고 수건을 두른 교장 선생님이 급하게 오셨다. 받은 책을 감명 깊게 읽었다며 이렇게 와 줘서 고맙다고 거듭 인사를 한다.

한 달 전에 만났을 때 우리학교 아이들과 재일조선인을 향한 하나님 마음을 담은 책과 칼럼집을 드렸었다. 조선인들을 좋아해 줘서, 우리학교 이야기를 책으로 만들어주어서 고맙다고들 말한다. 요즘 이것이 신기하다. 고맙다는 인사를 이렇게 들어도 괜찮은 것인지 걱정할 정도다.

"너희가 말하기를 황폐하여 사람이나 짐승이 없으며

갈대아인의 손에 넘긴 바 되었다 하는 이 땅에서

사람들이 밭을 사되"(렘 32:43)

교실에 아이들 작품들이 전시되어 있기에 딸과 함께 1학년 교실, 2학년 교실들을 돌고 있었다. 나이가 지긋하신 한 분이 다가와 "혹시 지난번 조선고등학교에 오셨던 분 아니세요"라고 하셨다.

2월에 선교팀과 방문했을 때의 기억이 떠올랐다. 가만히 뵈니

학교에서 자주색 치마저고리를 입으시고 열정적으로 수업을 하시던 선생님이셨다. 사실은 나도 선생님 수업이 기억에 남았었다고 말씀드렸다. 선생님은 자신이 가르치는 조선말을 한국인인 내가 잘 알아들었는지 몇 번을 물으셨다.

그날 한국인들을 만나서 기뻤다고 하시며 언젠가는 대한민국 땅을 꼭 밟고 싶다고, 그날을 기다리신다고 하셨다. 사실 우리학교 선생님들은 세상에 없는 나라, 조선 국적을 소유하고 있기 때문에 대한민국에 올 수 없다. 일반 조선인이라면 영사관에서 여행 증명서를 발급받아 올 수도 있지만 선생님들은 그것도 불가능하단다.

복도에서 만난 남편을 소개하자 남편을 알고 있었다는 듯 "목사님 가족이었구나"라며 기뻐하시며 더 좋아해 주셨다. 마냥 좋아해 주다니 이것이 또 신기하다.

돌아오는 차 안, 창문을 때리는 빗방울 소리에 문득 '우리 선생님들 가슴이 참 허전하구나! 그 가슴에 꽃다발 마음껏 담아주고 싶다'라는 생각이 들었다.

지금, 내게 은혜는 이 뜸 들이시는 하나님의 시간을 인내하고 있는 것이다. 조선인 가슴속에 예수 생명 담아질 때까지….

"일곱째 천사가 나팔을 불매 하늘에 큰 음성들이 나서 이르되

세상 나라가 우리 주와 그의 그리스도의 나라가 되어

그가 세세토록 왕 노릇 하시리로다 하니"(계 11:15)

「주님,
당신의 나라가 진짜입니다. 아멘!」

39

나를 니느웨성에 토하게 하소서

나이가 들면서 느끼는 것은 내가 젊었을 때 어르신들이 하던 이야기가
이제는 내게도 일어나고 있다는 것이다. 엄마는 늘 "이 좋을 때
이것저것 맛있게 먹어"라고 말씀하셨다. 어렸을 때는 그 말씀이
귀에 들어오지 않았다.

이 땅에 살면서 병원에 가는 것은 내게는 좀처럼 쉽지 않은 일
이다. 특히 치과는 더 그렇다. 이가 아파도 진통제를 먹으며 지나
치곤 했다. 그런데 나이가 들면서 좀처럼 진통제로도 나아지질
않고 충치가 생기고 빠지고 시리고 아픈 날이 많았다. 그러다가
단단한 깍두기도 차가운 아이스크림도 먹기가 겁이 나고 따뜻한
커피 한 모금도 넘기기가 어렵게 됐다. 더 이상 참지 못하고 집
앞 작은 치과를 찾았다.

일본 할아버지 의사였다.

"아직 젊은데 어쩌다 이를 이렇게 됐냐"라고 하시며 "신빠이시나이데 쿠다사이네~ 카나라즈 나오루카라"(걱정하지 않아도 돼요~ 반드시 나을 것이니까)라고 하신다. 그 이후에도 치과에 갈 때마다 꼭 이렇게 말씀해 주셨다. 그 말에 그냥 안심이 되었다. 오늘도 따뜻한 커피 한 잔을 마실 수 있음에 감사하며 이 땅에 산다.

> "하물며 이 큰 성읍 니느웨에는 좌우를 분변하지 못하는 자가
> 십이만여 명이요 가축도 많이 있나니
> 내가 어찌 아끼지 아니하겠느냐 하시니라"(욘 4:11)

저 깊은 바다 가운데 물고기 뱃속에 있는 요나는 부르심을 받은 자, 사명을 입은 자이다. 하나님이 무엇을 원하고 자신이 무엇을 해야 하는지 요나는 알고 있었다. 하지만 설명하기 어렵고 이해가 되지 않는 방식으로 개입하시기에 하나님과 안전거리를 유지하고 싶었던 것은 아닐까?

단지 하나님께 조금 화가 났고 심술이 났던 거, 사실은 자신의 목적과 하나님의 목적을 혼동했던 거를 생각하며 '어쩜 나도 요나 같구나'라고 생각했다.

부르심을 따라 살아도 괜히 심술도 나고, 감정이 상해 하나님의 얼굴을 피하지 않는가?

어디론가 도망가고 싶은 유혹을 받지 않은가?

그저 적당히 하나님과 안전거리를 유지하며 살고 싶지 않은가?

정말 나의 갈망이 아닌 하나님의 갈망을 원하는가?

부르심을 따라 산다하면서 내 이익과 내 의를 챙기지는 않는가?

예수님이 로마 병정들에게 잡히셨을 때 세 번이나 예수님을 모른다고 했던 베드로가 생각났다.

"내가 주의 영을 떠나 어디로 가며 주의 앞에서 어디로 피하리이까"

(시 139:7)

저렴하고 맛있어 보이는 배추를 사려고 이곳저곳 마트를 찾아다녔다. 여름 배추는 좀 비싸고 겨울 것보다 맛이 없지만 포기김치를 담기 위해 배추 다섯 포기를 샀다. 우리학교 급식에서 아이들이 먹을 김치다.

며칠 전 우리(조선) 아이들을 보러 한국에서 할머니 두 분이 오셨는데 맛있는 고춧가루를 고이 싸서 가져오셨다. 김치를 담아놓고 보니 색깔이 참 이쁘다. 나는 김치를 부탁하는 우리학교 엄마들이 그렇게 예쁠 수가 없다.

얼마든지…

언제든지…

엄마처럼…

이 마음이 닿기를…

저가 오래 참아 약속을 받았나이다…

"주께서 나를 깊음 속 바다 가운데에 던지셨으므로 큰 물이 나를 둘렀고 주의 파도와 큰 물결이 다 내 위에 넘쳤나이다"(욘 2:3)

물고기 뱃속은 답답하고 캄캄하고 움직일 수가 없다. 내가 주의 얼굴을 피해서 어디로 도망치랴. 나를 삼킨 바닷속 물고기도 주님이 예비하신 것을…. 나를 삼키게 하신 것도 주님이 하신 것을…. 그리고 그런 나를 지켜보시는 주님이신 것을….

「주님,
내 영혼이 내 속에서 피곤할 때에 내가 주님을 생각합니다.
나는 감사로 예배를 드리며 나의 서원을 주께 드리겠습니다.
아무도 알지 못하는 나라, 조선은 이스라엘의 영광입니다.

주님,
물고기에게 말씀하셔서 나를 니느웨성에 토하게 하소서.
이제는 일어나 저 큰 성읍 니느웨로 가게 하소서.
주님이 명한 바를 그들에게 선포하게 하소서. 아멘!」

40

그는 나의 발걸음을 세어 주시는 분이다

일본에서 중·고등학교를 마치고 한국에서 대학을 졸업한 딸이 함께 오사카에 머물고 있다. 학창시절을 일본 땅에서 살아서인지 일본 음식과 문화를 그리워하고 좋아한다. 딸은 코로나로 몇 년간 일본 땅을 밟지 못하다가 올겨울을 함께 지내게 되었다. "예전 집보다 불편해서 어쩌냐?"라고 했더니 "엄마, 아빠 집이라서 그냥 좋아"라고 한다. 아무것도 안 해도 그냥 좋단다.

일본 성도께서 딸에게 "중학교 때 갑자기 일본에 왔으니 언어도 힘들었을 것이고 낯선 환경에서 일본 학교를 다니느라 고생되고 힘들었겠다"라고 물었다. 딸은 덤덤히 웃으며 "주어진 환경은 쉽지 않았지만 가족이 함께하고 마음이 괜찮아서 그렇게 힘들지 않았어요"라고 답했다. 그 시절 우리 네 식구는 슈퍼에 우유 하나를 사러 가도 우르르 함께했다. 무엇이든지 함께하고 함께 울고 웃고 기뻐했다. 주님이 주시는 작은 이슬에도 함께 감사했다. 그때를 기억하는 딸 역시 마음이 괜찮았단다.

탈북민 선교팀이 우리학교 아이들을 만나고 갔다.

저마다의 사연들이 어찌 그리 아플까. 탈북을 하는 기막힌 상황 가운데에서도 복음의 씨는 뿌려졌다. 중국 공안에 몇 번을 잡혀서 다시 북송되고 감옥에 갇히고 하면서도 씨앗은 토양 속에서 자랐다. 작은 이슬에도 은혜는 멈추지 않았고 하나님은 그들의 마음을 지키고 있었다. 이들은 하나같이 믿음의 고백을 나누었다. 하나님은 하나님 아버지를 만나는 걸음걸음을 살피시며 힘을 주셨다.

"그가 내 길을 살피지 아니하시느냐 내 걸음을 다 세지 아니하시느냐"

(욥 31:4)

탈북민 선교팀은 "인생의 긴 터널 같은 광야는 주어졌던 환경이 아니라 하나님을 모르고 살았던 마음이었다"라고 고백한다.

북에서 굶주리는 5살 딸을 위해 잠깐 돈을 벌려고 한 것이 인신매매가 되어 그 딸이 스무 살이 넘도록 만나지 못한 한 어머니가 일본 땅의 우리학교 아이들이 보고 싶어 무작정 왔다고 한다. 그 어머니는 "내 걸음걸음마다 함께 하셨던 주님의 마음을 나누고 싶어요"라고 말했다.

이 땅으로 한 걸음 한 걸음에 은혜를 새기고 용기를 내었다.

예수님이 십자가에 죽으시기 전, 한 여인이 매우 값진 순전한 나드 한 옥합을 가지고 와서 깨뜨려 예수님의 머리에 부었다. 이 여인은 구원을 입은 주님께, 걸음걸음에 은혜를 입은 주님께, 그리고 십자가에 죽으시는 주님께 옥합을 깨뜨려 용기를 내었다.

'주님, 이것밖에 없지만 이것이 당신을 향한 저의 마음입니다.'

값비싼 향유가 아니라 주님을 사랑하는 순전한 마음을 드렸고, 주님은 받으셨다.

"내가 진실로 너희에게 이르노니 온 천하에 어디서든지 복음이 전파되는 곳에는 이 여자가 행한 일도 말하여 그를 기억하리라 하시니라"(막 14:9)

우리는 욥을 잘 알고 있다. 사탄은 욥이 소유하고 있는 환경을 탐한 것이 아니다. 욥의 마음이 중요했다. 욥의 마음을 빼앗고자 했다. 욥의 마음은 하나님을 향한 순전한 마음이다. 눈에 보이는 것과 보이지 않는 것의 싸움이다.

우리 인생의 긴 터널 같은 환경에 마음을 빼앗기지 말자. 걸음걸음에 은혜를 꾸욱 새기며 예수님을 위해 옥합을 깨드리는 용기를 내보자. 되지 않을 것 같아 보이지만 결국 되는 삶이 되는 것…. 욥기는 욥의 이야기가 아니라 하나님이 우리에게 주시는 살아 역사하는 말씀이다.

"내가 나 된 것은 하나님의 은혜로 된 것이니 내게 주신 그의 은혜가 헛되지 아니하여…"(고전 15:10)

「주님,
내 길을 살펴주시고 내 걸음을 다 세어주시다니요.
내 삶의 걸음 걸음마다 은혜를 꾸욱 새기렵니다. 아멘!」

41

나의 아버지가 내게 주신 유산

아이치현 토요하시(豊橋市)**부터 오사카까지 달려온 걸음들이 있다.** 아이치현은 우리 가족이 일본 땅에 처음 부르심을 받은 지역이다.

그곳에서 아들, 딸이 사춘기를 보냈고, 처음 이 땅의 지진을 경험했고, 일본어를 잘 몰라 당황스러웠던 일들이 있었다. 한국에서 살 때도, 일본에 와서도 상상도 하지 못했던 우리네 조선인 할머니를 처음 만났고, 그리고 타임머신을 탄 것처럼 그렇게 처음 우리학교를 만났던 모든 것이 그곳에서 시작되었다. 이제는 추억이 된 곳이다.

처음 갔었던 토요하시 조선학교 선생님 중 한 분이 크리스천이 되었다. 전교생이 8명이던 학교는 몇 년 전에 없어졌다고 한다. 크리스천이 된 선생님은 장군님의 자리에 예수님을 모시고 살고 있다. 예전에 "장군님의 자리에 예수님을 모시는 것은 절대로 불가능한 일"이라며 절레절레 손사래를 치던 그 손은 이제 우리 민족을 위해 기도하는 손이 되었다.

선생님은 학교 근처에 있던 토요하시 신시로교회에 다니고 있다. 해방 후 우리 조선인에게 땅을 받아 세워진 신시로교회는 우리조선을 품고 함께 하고 있다. 8년 전, 우리 부부가 조선인 선교를 위해 오사카로 오기 전에도 신시로교회 다키모토 준 목사님은 우리 부부를 기뻐하시며 축복하셨고, 우리 조선을 마음껏 축복해 주셨다.

그곳에서 우리학교 선생님과 기도의 동역자들이 긴 시간을 달려 와주었다. 한 주간의 수고를 마치고 밤이 늦은 시간임에도 뛰는 심장을 가지고들 왔다. 단지 우리학교 땅에 서서 기도하기 위함이다.

봄빛이 따스한 토요일, 오사카에 흩어져있는 학교들을 찾았다. 이제 없어지는, 그래서 어쩌면 마지막이 되는 학교 운동장을 돌고 돌았다. 아이들이 뛰놀던 곳에서 우리 아이들을 위해, 우리 민족을 위해 기도했다. 하늘의 뜻이 이 땅에 이루어지기를 기도했다. 심장에 심장이 더해져서 함께 요동쳤다.

하나님은 토요하시 땅에서 오사카 땅까지 줄을 길게 하여 말뚝을 견고하게 하셨다. 하나님이 줄로 재어 준 구역이 이렇게나 기름진 곳이다. 하나님이 내게 주신 기업이 참으로 아름답다는 생각이 들었다.

> "네 장막터를 넓히며 네 처소의 휘장을 아끼지 말고 널리 펴되
>
> 너의 줄을 길게 하며 너의 말뚝을 견고히 할지어다
>
> 이는 네가 좌우로 퍼지며 네 자손은 열방을 얻으며
>
> 황폐한 성읍들을 사람 살 곳이 되게 할 것임이라"(사 54:2-3)

하나님은 '태초에'라는 말로 하나님의 처음을 시작하셨다. 그리고 하늘에서부터 줄을 길게 하여 택하신 백성들을 모으시고 있다. 그 울타리에 말뚝을 박아 견고히 하신다. 황폐한 땅을 사람 살 곳, 거룩한 땅으로 만드신다. 하나님은 당신의 목적을 위해서 택하여 구별된 자들의 심장에 심장을 더해 함께 뛰게 하신다. 하나님이 만드시는 유업들이 그렇게들 일어나고 있다. 하나님이 주신 유산이 참으로 빛남을 느낀다.

> "우리가 무슨 일이든지 우리에게서 난 것 같이 스스로 만족할 것이 아니니
>
> 우리의 만족은 오직 하나님으로부터 나느니라"(고후 3:5)

이제 하나님의 마지막은 우리가 함께해드리자.

우리는 하나님의 유업을 받은 자들이다.

하나님의 구원을 선포하자!

너와 나의 심장에 심장을 더해 함께 요동 쳐보자!

이것이 하나님에게서 난 우리의 자격이요, 가장 빛나는 삶이지 않은가.

최근 일본 사람들의 마음이 신나 함께 환호하게 하는 일이

있다.

야구선수 '오타니'의 이름만으로도 이렇게나 좋을까 싶다.

미국 메이저 리그 투수인데 몇 년째 매 경기에서 홈런을 치고 있다. 텔레비전에서는 오타니 선수가 삼진을 잡았는지, 안타를 쳤는지, 홈런을 쳤는지 매일 전하고 있다. 오타니 선수가 모자를 벗어던지면 멋있다고 좋아하고, 그가 웃으면 함께 즐거워한다. 오타니 선수가 무엇을 좋아하는지, 가장 잘 먹는 음식이 무엇인지, 쉬는 날은 무엇을 하며 지내는지 그의 모든 것들을 신이 나서 이야기한다.

나는 '하나님' 이름만으로도 마음이 신나는가?

일본어판 만화 복음 책자가 출판되어 일본 각 지역으로 전달되고 있다. 작년에 이어 두 번째 인쇄이다. 마지막으로 오사카에도 도착했다. 일본 땅 모든 백성에게 복음이 들어가길 소망하는 한국 크리스천들의 소망이 모아진 헌신이다.

주님이 줄을 재어 만드시는 구역은 하늘을 날고 바다를 건너서라도 시작된다. 그 소망의 줄이 견고히 박히리라.

책자를 운반하는 것이 너무도 좋다. 운반하는 심장도, 받는 심장도 이렇게나 신이 난다. 주님이 줄로 재어 준 구역에서 구별된 자로 사는 삶이 나의 기업이 되어가고 있다.

'하나님 아버지' 이름만으로 마음이 신난다.

나의 아버지가 내게 주신 유산이 참으로 좋다.

"주의 증거들로 내가 영원히 나의 기업을 삼았사오니

이는 내 마음의 즐거움이 됨이니이다"(시 119:111)

「주님,
당신이 줄로 재어준 구역에서 구별된 자로 사는 삶이 참 좋습니다. 아멘!」

42

사모님과 함께 있는데

몇 년간 바이러스로 묶여 있었던 삶의 많은 것들이 일상으로 돌아오고 있다. 핑크빛 사쿠라 꽃잎이 어느새인가 푸릇푸릇하게 바뀐 잎 사귀들로 녹음이 된 지 한참이다. 초록이 짙은 계절이 다시 왔다. 교회에서도 주일 예배를 마치고 바비큐를 하기로 했다.

교회 청년들과 함께 바비큐 준비를 위해 쇼핑몰에 갔다.

이것저것을 준비하다 보니 생각보다 시간이 많이 흘렀다. 우리 는 늦은 점심을 먹기 위해 푸드 코너로 갔다. 각자 좋아하는 것을 먹기로 했다. 나는 나가사키 짬뽕을 먹었다. 앞에 앉은 사에코가 마파두부를 먹고 있었다. 사에코는 예배 팀 기타 싱어로 대학교 4학년 여학생이다. 그녀는 "며칠 전부터 매운 것이 먹고 싶어서 시켰는데 전혀 맵지가 않다"라고 했다. 조금 맛보았더니 간장 베 이스에 단짠단짠한 맛이었다.

그녀는 한국 음식 코너에 한참을 서 있었단다.

그러면서 "사모님과 함께 있는데 한국 음식을 사서 먹는 것은 바람을 피우는 것 같아 먹고 싶은 마음을 그만두었다"라고 말했다. 일본어로 듣노라니 그 언어가 솔직하면서도 담백하게 내 마음에 훅~ 들어왔고 나는 그만 '심쿵' 했다. 내가 만들어주는 음식에 대한 고마움을 전해 받아서일까? 나에게 성실한 그 마음이 너무도 이쁘고 깨끗했다. 마음이 마음에 닿으면 울림이 되어 남는다. 오늘의 이 마음이 한동안 갈 것 같다는 느낌이다.

아무것도 없어 조금은 적적하던 집 근처에 커다란 몰이 생겼다. 걸어서 15분 정도면 갈 수 있는 거리라서 편히 다녀오곤 한다. 몰로 들어가는 입구에는 매주 수요일마다 이동 카페가 서 있다. 그윽한 커피향이 발걸음을 멈추게 한다. 세련된 커피머신이 아닌 사람이 정성을 들여 직접 커피를 내려준다. 커피를 주문하면 원두를 갈기 시작한다. 커피 향은 그때부터 시작된다. 그리고 천천히 떨어지는 커피를 기다린다. 나는 이 시간을 좋아하게 되었다. 커피 한잔에 담겨 있는 성실함이 좋다. 기다리는 동안 내 마음도 성실함으로 그윽해지길 기도한다.

요즘 내 마음에 다윗의 증조할머니 룻이 있다. 룻은 자격은 없으나 언약 안으로 성큼성큼 침노하며 뛰어 들어온 여인이다. 이스라엘도 들어오기 어려웠던 그 날개 아래로 강력한 믿음을 고백하며 들어온 이방 여인이다. 모압 땅을 떠나 시어머니와 함께

하는 베들레헴의 고단한 삶의 여정 가운데서도 성실함으로 마음을 지켜낸 여인이다.

룻의 성실함이 심겨지고, 자라나고, 꽃이 피어, 소망의 열매를 맺고, 회복의 열매를 맺는 구속과 축복의 여정을 보며 나의 삶도 하나님의 뜻이 드러나는 여정이고 싶다는 생각을 했다. '나도 내게 허락하신 이 길을 성실히 걸어야지. 마음을 잘 지켜야지'라고 다짐했다.

"믿음으로 말미암아 그리스도께서 너희 마음에 계시게 하시옵고

너희가 사랑 가운데서 뿌리가 박히고 터가 굳어져서"(엡 3:17)

마음이라는 것은 보기 어렵고 소리도 없으면서 참으로 미묘하다. 좋아하는 곳에는 어디에든 내려앉으려 한다. 그러기에 성경은 모든 지킬 만한 것 중에 더욱 우리의 마음을 지키라고 한다. 잘 지켜진 마음은 믿음이요, 소망이요, 사랑터를 이룬다.

보아스는 룻의 성실함과 정결함, 그 열정이 눈부시게 아름다웠다. 그리고 몰래 다가온 룻의 사랑에 깜짝 놀란다. 보아스는 몸을 드려 전부를 준 룻의 마음을 받았다.

"…내가 네 말대로 네게 다 행하리라…"(룻 3:11)

얼마나 좋으면, 기뻤으면 이럴까? 신부 룻이 말하는 모든 것을 해준다는 것이다.

우리는 주님의 신부이다.

내가 말하면 신랑 되신 주님은 나를 위하여 무엇이든지 일하신 단다. 내 입술의 모든 말과 마음의 묵상이 주님께 닿는다. 우리가 기억해야 할 것은 신부는 신랑의 날개 아래로 의지해 들어가 정결함으로 그분을 사랑하는 것이다.

'참으로 나는 삶의 여정 가운데 주님을 성실함으로 사랑하고 있는가. 마음을 잘 지키고 있는가'를 다시 한번 생각한다.

"사모님과 함께 있는데…"라는 사에코의 마음이 울림이 되어 전해져 온다.

주님과 함께 있는데 우리는 아무렇지도 않게 비빔밥을 주문해 먹을 수 있다. 내 안에 함께 계신 주님을 위하여 오늘도 나는 사역에 마음을 두지 않으려 애쓰고 있다.

"나의 반석이시요 나의 구속자이신 여호와여

내 입의 말과 마음의 묵상이

주님 앞에 열납되기를 원하나이다"(시 19:14)

「주님,
내 마음이 교만하지 아니하고 내 눈이 오만하지 아니하며
내가 큰일과 감당하지 못할 놀라운 일을 하려고 힘쓰지 않게 하소서.
실로 내 영혼이 당신으로 고요하고 평온하기를
젖 뗀 아이가 그의 어머니 품에 있음같게 하소서. 아멘!」

43

순종은 다른 이끄심의 시작이라

오사카 간사이공항은 바다를 메워 지어졌다. 공항을 이어주는 긴 다리를 건넌 후 고속도로로 나가지 않고 아랫길로 들어서면 바로 마을이 시작된다. 그곳에 있는 아키야(空家, 빈집)를 보고 왔다. 쇼와(昭和)시대(1926년~1989년) 중간 즈음에 지어진 집이라고 한다.

일본은 천황제도로 시대를 구분하고 있다. 천황이 바뀌면 관공서를 비롯하여 모든 표기가 새로운 시대로 바뀐다. 내가 일본 땅에 처음 온 것은 2011년, 이 땅은 헤이세이(平成) 23년째였다. 헤이세이시대(1989년~2019년)는 31년으로 끝이 나고 새로운 천황이 세워지면서 레이와(令和)시대가 되었다. 2023년은 레이와 5년이다.

집은 아무도 살지 않은 지 오래되었다.

모든 살림살이가 쇼와시대 물건들이었다. 지금은 잘 볼 수 없어 귀한 물건이 되어버린 레코드판들이 방 한구석에 버젓이, 내 어린 시절 부자 친척 집에 가면 볼 수 있었던 전축이 그대로, 세탁과 탈수가 분리된 통돌이 세탁기가 자리 잡고 있었다. 그리고 그 시절 인기 있었던 인형들도 나란히 놓여 있고 싱크대 안에는 옛 멋이 나는 냄비와 그릇들이 주인을 잃은 채 들어있었다. 시간이 멈춘 듯 했다.

지진이 일상인 이 땅이다. 얼마 전 오사카에서 3시간 정도 떨어진 이시카와(石川)현에서 진도 6강(7)의 지진이 났다. 몇 시간 후 6의 지진이 다시 났다. 밤새 11번의 여진이 반복되었다. 며칠 전 새벽 시간에도 도쿄 옆 치바(千葉)에 6강 지진이 났다. 저녁에는 홋카이도(北海道)에서 5강 지진이 났다. 오늘은 가고시마(鹿児島)에서 5 지진이 났다. 모두 바다가 있는 지역이다.

나는 몇 년째 하나님께 묻고 기다리는 것이 있는데 바로 집이다. 내 뜻이 아니라 하나님의 뜻대로 얻길 기도하고 있다. 그러기에 좀 더뎌도 내 방식이 아닌 하나님의 방식을 기다리고 있다. 이유는 '이 땅에서 잘~ 살고 싶어서'이다.

내게는 하나님의 마음을 아는 믿음의 공식이 있다. 2011년 동일본 지진 후 처음 이 땅에 올 때도 사용했던 믿음의 공식이다. 무엇 하나 준비된 것이 없었지만 "의심하지 말고 가라"라는 주님 말씀에 사춘기에 접어드는 남매를 데리고 결단을 했었다.

가족이 모두 가겠다고 하니 토요타 지역에 작은 시골 마을 교회를 소개해주셨던 목사님께서 "꼭 가라고 하는 것이 아니고 굳이 안 가도 되니 다시 생각하세요"라고 하셨다. 안정되고 편안한 삶과 더 좋은 소망을 놓고 몸부림쳤다. 안 가도 되는 길을 우리 가족은 내디뎠다. 물론 과정이 쉽지는 않았지만 우리의 고백은 "주님이 하셨습니다!" 였다.

그 후 '내가 사랑하는 것을 함께 사랑해 주겠니?'라는 하나님이 나를 위해 계신 것이 아닌, 하나님을 위해서 내가 있음을 깨닫게 되는데 시간이 오래 걸렸다. 하나님을 위한 삶으로의 부르심이었다. 그리고 "5년을 넘게 살던 토요타를 떠나 오사카로 가면 아무것도 없이 다시 시작해야 하는데 그래도 갈 수 있겠냐"라고 우리 부부를 맞으시는 목사님이 물으셨더랬다.

안정되고 편안한 삶을 잃어버릴까 봐 두려워하는 나와 하나님의 계획을 함께 하고 싶은 내가 싸웠다. "어려우시면 굳이 안 오셔도 된다"라는 말이 귓가에 맴돌았지만 우리 부부는 굳이 안 가도 되는 길을 다시 내디뎠다.
만나로 먹여주시고 불기둥으로 따뜻하게, 구름 기둥으로 시원하게 인도함받았지만 실은 이스라엘 백성보다 더 불평도 했다. 하지만 하나님의 허락하심은 언제나 최고임이 나의 고백이 되었다.
지금 살고 있는 집을 내어준 주인이 바다 가까운 곳에 오랫동안 비어 있는 집이 있는데 생각이 있는지 물었다. 늘 주님께 집을 묻고 기다리고 있었기에 지체없이 가서 보고 왔다.

'이스라엘 백성이 아직 갈라지지 않은 홍해를 건넌 사건은 엄청난 믿음이었구나.'

나는 일어나지도 않는 지진을, 쓰나미를 걱정하고 있었다.

성경 사복음서에 물고기 두 마리와 떡 다섯 개로 오천 명이 먹고 배불리 남은 사건은 너무도 유명하고 인기 있는 이야기이다.

주님은 오고 가는 많은 백성들을 가르치고 일하느라 밥 먹을 겨를도 없는 제자들을 보시고는 "한적한 곳에 가서 쉬어라"라고 말씀하신다. 그러기에 제자들이 배를 타고 한적한 곳으로 가는데 그들을 보고 이곳저곳 마을에서 수많은 사람들이 따라가 먼저 도착해 있었다.

허둥지둥하는 백성들의 모습을 본 예수님은 그들을 목자 없는 양같이 불쌍히 여기신다. 그리고 예수님은 하시고자 하는 한 가지 일을 하신다. 백성들에게 하나님 나라의 비밀을 가르쳐주시는 것, 바로 오병이어로 천국 잔치를 여셨다.

매일매일 묵상을 따라 읽은 말씀이었다. 제자들에게 하시는 주님의 말씀이 내게 하시는 것 같이 쑤욱~ 들어왔다.

'딸아, 아무 의심 말고 가서 잘 먹고 잘 쉬고 있어라.'

여기저기서 나온 수많은 백성들이 갈 길 몰라 헤매는 모습이 크게 보인다. 네가 가는 그곳이 목자 없는 양들의 발길이 찾아가는 곳이 될 것이라고, 수고하지 않아도 이곳저곳에서 백성이 찾아오는 곳이 될 것이라고, 그리고 그 백성을 위해서 주님은 해야만 하는 일을 이제 하실 것이라고 말씀하시는 것 같았다.

주님이 나에게 이런 집을 주신단다. 집주인에게 가겠다고 했더니 오히려 걱정하신다. "바다 근처라서 지진, 쓰나미 염려도 있고 비어 있는 집이 많은 동네라서 굳이 안 가도 된다"라고 한다. 이미 내 마음은 가겠다고 순종되었다.

굳이 안 가도 되는 길은 안락하지 않다. 좌우에 담이 있고 좁은 길이다. 그러기에 걷다가 움츠러들기도 하고 결국 힘이 들어 앞으로 나아가지 못할 수도 있다. 하지만 좁은 길을 둘이 걸으면 정말 찰싹 붙어 친밀해진다. 그 사귐이 참 달콤하다. 우리의 인생에 어떠한 일이 일어나더라도 하나님과 친밀한 것이 최고의 복임을 잊지 말아야 한다.

> "좁은 문으로 들어가기를 힘쓰라 내가 너희에게 이르노니
> 들어가기를 구하여도 못하는 자가 많으리라"(눅 13:24)

조금 힘이 들어도 좁은 길로 들어가기를 힘쓰자.
안락과 고난 사이에서 갈등하다가 움츠러들지 말자.
하나님을 위한 삶을 포기하지 말자.
내가 좁고 어려운 길을 결단하여 가는 것 같지만 주님이 가장

좋은 것을 내게 주시고 있는 중이시다. 믿음의 공식은 순종으로 풀린다. 그리고 정답은 이삭이 아닌 하나님이 친히 준비하신 숫양임을 안다. 오늘 나의 순종은 다른 이끄심의 시작이다.

"이는 하늘이 땅보다 높음 같이 내 길은 너희의 길보다 높으며
내 생각은 너희의 생각보다 높음이니라"(사 55:9)

「주님,
우리의 인생에 어떠한 일이 일어나더라도
당신과 친밀한 것이 최고의 복임을 잊지 않게 하소서. 아멘!」

44
시간이 지나고 있다

일본 땅에서 조선인 아버지 이름으로 사는 모임에 다녀왔다.

작년 여름에 폐교된 우리학교에서 아버지 축구대회를 열었다. 아이들이 뛰어놀던 작은 운동장에서 아버지들이 공 하나로 무척이나 재미있게 뛰어다니신다. 이제는 아이들도 선생님도 없다. 그렇게들 한참을 뛰시고는 운동장 한 켠에 금세 숯불을 피우고 바비큐로 즐거운 점심시간을 만들었다. 자주 만나던 아버지들도, 한 번씩 보던 아버지들도, 처음 보는 아버지들도 모두들 따스한 눈빛으로 반겨주었다. 맛있게 구워진 고기를 접시 위에 올려준다. 많이 먹으라고 한다.

사랑이 자꾸 더해져서일까? 띠가 띄워지고 있다.

우리 나라의 분단과 함께 가는, 일본 땅의 우리학교는 그 역사가 70년이 넘었다. 그렇게 오래되고 낡은 우리 학교 중 하나가 폐

교되어 오사카시에 팔린 줄 알았다. 사실은 우리 부부가 가장 많이 찾아간 학교이다. 그런데 팔지 않기로 했단다. 수도관도 오래되고 건물이 튼튼하지 않기에 걱정이기는 하지만 조선인들의 문화공간으로 사용하기로 했단다. 그 첫 번째 모임이 아버지 축구대회였던 것이다. 그리고 "밥 같이 먹자"라며 그 첫 모임에 우리 부부를 초대해 주셨다.

그들이 정겹게 부르는 "목사님~, 사모님~"이 얼마나 복된 것인지 이들은 아직 모르겠지….

주님께서 "보라!"라고 하시는 것 같았다.
"보라 내가 이 성읍을 치료하며 고쳐 낫게 하고
평안과 진실이 풍성함을 그들에게 나타낼 것이며
내가 유다의 포로와 이스라엘의 포로를 돌아오게 하여
그들을 처음과 같이 세울 것이며
내가 그들을 내게 범한 그 모든 죄악에서 정하게 하며
그들이 내게 범하며 행한 모든 죄악을 사할 것이라"(렘 33:6–8)

그 옛날 하나님은 유다 백성의 죄악과 우상숭배를 심판하셨다. 예루살렘이 바벨론 군대에 의해 파괴되고 백성들이 사로잡혀 갔지만, 하나님의 시간이 지나면, 반드시 예루살렘을 평강과 성실이 풍성한 도성으로 회복하겠다는 약속을 하셨다. 자기 백성을 결코 잊지 않으시는 사랑이시다.

내 글을 읽는 독자 중에 일부는 '왜 그들을 따뜻하게만 표현하냐?'라고 묻곤 한다. 이들에게 태어나면서부터 주어진 이름은 그저 '두렵다'이다. 그러나 그것이 이들에게 끝이 아닌 것을 안다. 하나님의 시간이 지나고 있다. 그 시간이 지나는 삶에 그들이 "이거 좋네"라고 하면 "그거 좋네"라고 같이 해주고, 그들이 "그렇지?"라고 하면 "그렇다"라고 말하며 동행해 주고 싶다. 우리가 싸워야 할 것은 이들이 아닌 것을 알기 때문이다.

아웃리치 팀과 조선고등학교를 방문했다.

보통은 초등학교나 중학교에 가게 되는데 잘 공개되지 않는 고등학교에 가게 되었다. 수업을 함께 했고, 쉬는 시간에 함께 떠들었고, 치마저고리를 입은 선생님들, 이곳저곳 쓰인 우리말, 교실의 사진과 그림들을 보며 우리가 싸워야 할 것들과 싸우며 긴장하였음을 깨달았다. 그날 저녁 화장실에 가는데 우리는 모두 함께 다녔다.

그날, 그곳에 "하나님이 세상을 이처럼 사랑하사 독생자를 주셨으니, 저를 믿는 자는 모두 구원을 얻으리라"라고 찬양이 담대히 선포되었다.

일정 중에 한 형제가 의식을 잃고 병원으로 실려 갔다.

근육경련과 함께 열이 40도가 넘는 상태가 계속되었다. 무엇을 할 수 있는가? 오직 주님께 매달리는 것뿐이었다. 그는 극한 스트레스로 온몸에 염증을 안고 이 땅에 왔더란다. 그날 아침 형제는 주님으로부터 "일본, 조선, 무엇보다 더 너를 사랑한다"라는 엄청난 사랑 고백을 받고 눈물을 흘렸다. 잠깐 눈을 뜰 때면 병원이기에 '꿈이구나'라고 생각해 몇 날을 계속 잤더란다. 하나님의 시간이 지나고 있다. 하나님은 몸속의 염증이 빠지는 시간과 몸에 쉼을 충분히 채우시고 깨우셨다.

이처럼 사랑하기에 이렇게나 아플까. 고통스러울까. 우리에게 보게 하셨다. 그리고 우리도 우리가 싸워야 할 것들과 밤새 그렇게 싸웠다. 눈을 뜨니 새날이었다.

"그런즉 누구든지 그리스도 안에 있으면 새로운 피조물이라

이전 것은 지나갔으니 보라 새 것이 되었도다"(고후 5:17)

우리학교 운동장에 울려 퍼지는 아버지들의 함성에 기도를 실어 보낸다.

"이제 내가 너희에게 말하노니 이 사람들을 상관하지 말고 버려 두라

이 사상과 이 소행이 사람으로부터 났으면 무너질 것이요

만일 하나님께로부터 났으면 너희가 그들을 무너뜨릴 수 없겠고"

(행 5:38-39)

우리 민족을 향한 하나님의 시간이 지나고 있다. 북에서 남에서 그리고 남은 퍼즐 한 조각이 일본 땅에서. 민족의 완전함을 위하여, 하나님 나라의 완전함을 위하여 싸우고 있다. 이처럼 사랑하기에 이렇게나 아플까. 하나님이 우리 민족을 어떻게 구원하는

지 보라! 이전 것은 지나갔으니 새것이 되었도다. 오늘 우리는 우리가 싸워야 할 것들과 싸우자!

"여호와의 속량함을 받은 자들이 돌아오되 노래하며 시온에 이르러

그들의 머리 위에 영영한 희락을 띠고 기쁨과 즐거움을 얻으리니

슬픔과 탄식이 사라지리로다"(사 35:10)

"너희는 이전 일을 기억하지 말며 옛날 일을 생각하지 말라

보라 내가 새 일을 행하리니 이제 나타낼 것이라

너희가 그것을 알지 못하겠느냐

반드시 내가 광야에 길을 사막에 강을 내리니

…이 백성은 내가 나를 위하여 지었나니

나를 찬송하게 하려 함이니라"(사 43:18-21)

「주님,
이곳을 하나님의 평강과 성실이 풍성한 도성으로 일구어 주십시오.
이곳이 우리에게서 난 것이 아니라
하나님에게서 난 것임을 모두 함께 보고 싶습니다. 아멘!」

45

오늘도 매미는 더 여름답게 요란스럽다

어느샌가 매미가 우는 계절이 왔다. 얼마 전까지도 들리지 않던 매미
울음소리가 들린다. 손을 뻗치면 그 소리에 금방이라도 닿을 것
같다. 소리가 공기를 가득 메웠다.

매미의 일생을 알면 왜 이리도 시끄럽게 떠들썩한지 이해가 간
다. 매미는 7년 동안 유충으로 땅속에서 지내다가 지상으로 올라
와서는 7일 정도 살다가 사라지는 삶이다. 그러기에 이렇게나 우
나 보다. 매미는 여름을 더 요란스럽게 한다.

"여호와께서 아브람에게 이르시되 너는 너의 고향과 친척과

아버지의 집을 떠나 내가 네게 보여 줄 땅으로 가라

내가 너로 큰 민족을 이루고 네게 복을 주어

네 이름을 창대하게 하리니 너는 복이 될지라"(창 12:1-2)

아브라함으로 시작되는 하나님의 구속 계획이다. 하나님은 아

브라함의 씨에 복의 근원을 담으셨다. 그리고 하나님의 시간을 지나는 동안 그 씨에서 나온 하늘의 씨앗이 열방의 토양 속에 심겨졌다. 뿌리를 내리고 열매를 맺으며 하나님 계획은 완성을 향해 가고 있다. 이렇게 내게도 복이 왔다.

일본은 애니메이션이 풍성해서인지 캐릭터의 나라 같다. 이 땅에 살면서 다양한 캐릭터가 신기해 자꾸 눈길이 간 일이 있었다. 나의 어린 시절, 학교 앞 작은 문방구점에는 뽑기 게임기가 있었다. 일본에는 그런 모양의 게임기로 가득한 가게가 많다. 그것을 즐기는 사람도 많다. 아이들뿐만이 아니다. 할아버지도, 할머니도, 아저씨 아줌마도 많다.

사실은 작은 게임기 박스 앞에 즐비하게 서 있는 사람들이 의아했다. 최근에 안 사실은 그것은 캐릭터 창고 같은 것이었다. 캐릭터 신상품들의 멈추지 않는 경쟁이다. 어릴 때부터 좋아하던 캐릭터를 나이가 들어서도 모으고 있는 것이다. 어느 할아버지는 그 세월만큼이나 모으셨을 지도 모른다.

요즘은 얼굴이 예쁜 배우보다 자신만의 캐릭터를 갖고 있는 배우가 인기가 많다고 한다. 어디 배우뿐이겠나! 예쁜 것은 대체가 가능하지만 그 사람이 가진 캐릭터는 다른 이가 대체할 수가 없기에 그렇다. 그래서 사람들은 자신만의 캐릭터를 만들려고 수고를 아끼지 않는다. 이것이 그 사람의 가치이다.

하나님의 자녀로 사는 우리의 가치는 무엇인가?

"너희가 그리스도의 것이면 곧 아브라함의 자손이요

약속대로 유업을 이을 자니라"(갈 3:29)

말씀 앞에 나는, 사실을 잘 깨닫지 못할 때가 많다. 내가 얼마나 엉터리인가? 얼마나 이기적인가? 하지만 그리스도의 십자가는 이런 나를 용서해 주었고, 좀 엉터리 같아도 예수님처럼 사랑하고픈 갈망을 주었다. 이것이 나의 가치이다.

오사카에 있는 몇 개의 우리학교가 하나의 학교로 합해졌다. 학교 급식에서 만난 엄마들은 걱정이 한가득이다. 이유는 학교의 새 출발을 기념하여 양말과 수건을 만들고 싶은데 생각보다 어렵다는 것이다.

양말과 수건에 한글을 넣고 싶은데 일본에서는 단가가 너무 비싸고 만드는 곳도 몇 군데 없다고 한다. 내 마음에서는 '한국이 있는데 왜 걱정하나. 예수님이 있는데 왜 염려하냐'고 했다. 우리는 양말과 수건에 '우리학교 새 출발~ 일어나라 빛을 발하라'라고 쓰기로 했다. 과정은 결코 쉽지 않았지만 한국 크리스천의 마음을 받아 공급할 수 있게 되었다.

어쩜 우리는 예수님 캐릭터를 담고 있는 창고와도 같다. 나는 이것이 복이라고 생각했다.

"그러므로 함께 하늘의 부르심을 받은 거룩한 형제들아 우리가 믿는

도리의 사도이시며 대제사장이신 예수를 깊이 생각하라"(히 3:1)

사회 초년생인 아들이 세상이 힘이 드나 보다. 매일 일을 시작하기 전에 기도가 절로 나온다며 한참 동안 넋두리를 하고서는 허허 웃으며 전화를 끊었다.

우리는 어떤 협상의 자리에서의 결론이 "어떻게든 거래를 성사시키는 것인가, 예수님의 성품이 드러나는 것인가?"생각해 보자.

부부간의 문제가 있을 때에도 "무시당하는 느낌이 있는지가 중요한가, 어떻게든 배우자를 설득하는 것인가, 아니면 예수님의 성품이 드러나는 것인가? 생각해 보자.

물새는 수도꼭지를 애써 고친 후 저녁 식사 자리에 아이들과 둘러앉아 기도하는 아버지의 모습이 멋지다. 열심히 일하고 잠자리에 들기 전 성경을 읽는 사람이 멋지다.

조금은 엉터리 같아도 별로 감흥이 없는 삶 속에서도 예수님이 보인다면 멋지지 않을까?

우리는 최고의 캐릭터, 십자가의 가치를 받은 자임을 잊지 말자. 오늘도 매미의 일생은 여름을 더 여름답게 울고 있다.

「주님,
당신의 거룩한 신부로 사는 가치가 최고임을 고백합니다. 아멘.」

46
이제야 심장이 운다

　　○○사회복지과에서 아버지 존함 석 자를 확인하고 서류신청을 다시
했다. 그리고 이제야 가까스로 아버지에게 달려갈 수 있겠다고
심장이 소리를 낸다.

　들을 수도 없고 불러 볼 수도 없었던 '아빠~ 아버지~' 그 존함
조차 서먹하고 입으로 말하기도 쑥스러워 꺼내지도 못했었다. 아
버지는 내게 막연한 그리움을 묻고 묻어서 아무 존재 의미가 없
는 사람이 되었다. 솔직히 잊고 살았다. 나는 그냥 서류를 무시하
고 아무 일 없듯이 바쁜 일상으로 돌아왔다.

　좀 지난 일이다. 친정엄마를 찾아뵈었더니 노란 서류봉투를 하
나 건네셨다. ○○사회복지과에서 온 서류였다. 요점만 말하면
육신의 아버지에게 나는 딸이길, 동생은 아들이길 포기한다는 서
명 같은 것이었다. 순간 가슴이 떨리고 숨이 확 막혀왔다. '이것

이 무엇이지?'

그런 아버지가 밉지 않았냐고 많은 사람이 묻곤 했다.

사실 나는 엄마가 미웠다. 상황과 환경에 최선을 다해 살아 내신 것은 알지만 그렇게밖에 할 수 없었냐고 나는 묻곤 했다. 우리 남매는 지독하게 외롭고 이 세상에 너무도 서러웠다. 하나님의 은혜가 흐르고 그 은혜를 먹고 있어도 난 엄마를 미워했다. 아니 엄마가 너무 보고 싶고 그리웠다. 엄마는 내게는 그런 그리움이 되었다.

하지만 아버지는 기억이 없는데 어떻게 그리워하며 무엇이 보고 싶어 그 절박함을 넘어선 미움이 있단 말인가?

미워하지 않으니까 괜찮다고 생각했었다. 모든 환경을 수긍하는 너그러운 착한 마음이라고 생각했다. 그런데 서류에 쓰여있는 이름 석 자만 보았을 뿐인데도 내 속의 심장은 거짓을 못한다.

'아~ 문제가 있구나!'

이것은 너무 무겁고 캄캄하다. 내 지식과 이론은 아주 멀쩡한데 내 심장이 멀쩡하지가 않다.

내 안에 이렇게 엄청난 것이 숨어 있었다니…. 사탄이 교묘하게 날 잡고 있었구나!

"사망의 줄이 나를 얽고 불의의 창수가 나를 두렵게 하였으며"(시 18:4)

이 일이 드러나게 된 일이 있었다. 어느 선교사님께서 『주님이 사랑하는 것을 사랑하고 싶었다』를 읽었다며 "어린 시절 고단했던 삶이 있었기에 그 은혜가 우리 민족, 일본 속의 조선을 품을 수 있었네요"라고 말씀하셨다.

깊은 하늘에 별이 총총하고 파도 소리만이 잠들지 않은 밤이었다. 성령님의 이끄심으로 자연스럽게 어린 시절 삶을 나누게 되었고 들키지 않으려 숨겼던 내 심장에 화살이 들어왔다.

눈에서 눈물은 나지만 심장은 울지 않는 그 답답함.
'이 정도면 충분해' 하면서도 '이것은 엉터리야' 하는
내 심장 소리.
심장이 터져서 사랑이 흘러넘치길 아무리 소원해도
단단한 돌덩이가 되어 꿈쩍도 하지 않던 내 심장.
그 심장에 화살이 꽂혔다. 그런데 꿈쩍도, 요동도 없다. 아니 절대 요동하지 않으려고 안간힘을 쓰고 있다. 이렇게 쉽게 움직일 수 없다고 심장이 소리를 낸다. 고집불통 심장이 아파온다. 그제야 심장이 운다.

착한 마음인 줄 알았던 내 마음은 절대 용서할 수 없는 마음이 포장된 것이었다. 살아오신 이유가 먼저 자식에게 다가오지 못하는 상황이기에 자식이 먼저 찾아가는 것이 도리인 것을 알면서도 내가 나쁜 것이 아니라며 무관심했던 것을 완전하게 드러내고 회개했다. 주님은 나의 서러웠던 삶을 먼저 구석구석 빈틈없이 위로해 주시고 죄를 똑바로 보게 하셨다.

이스라엘 백성의 거룩을 바라셨던 주님은 사람의 눈을 피한 아간의 죄를 결코 간과할 수 없으셨다. 거룩한 하나님의 인도함을 받는 그 백성은 거룩해야 하기 때문이다.

"너는 일어나서 백성을 거룩하게 하여 이르기를 너희는 내일을 위하여

스스로 거룩하게 하라 이스라엘의 하나님 여호와의 말씀에

이스라엘아 너희 가운데에 온전히 바친 물건이 있나니

너희가 그 온전히 바친 물건을 너희 가운데에서 제하기까지는

네 원수들 앞에 능히 맞서지 못하리라"(수 7:13)

딸아, 악은 모든 모양이라도 버려라(살전 5:22).

이렇게나 아버지가 그리울 수가 없다. 그 품에 얼른 뛰어 달려가 안기고 싶다.

이젠 나도 나이가 들어가니 사는 날이 얼마나 남으셨을까?

예수님은 믿으실까?

사는 것이 얼마나 힘이 들면 한 번만이라도 보고 싶을 아들, 딸에게 그런 서류를 보내셨을까?

[아빠~ 너무 보고 싶었습니다. 못 견디게 그리운 세월이 당신을 묻었습니다. 하지만 하나님은 그 세월로 나를 지으셨습니다.]

나는 우리 민족이 원망 대신 화해와 용서가 이루어지길 기도하면서, 우리 민족 안에 분열의 아픔 대신 하나 됨의 기쁨을 기도하면서, 내 안의 원망과는 화해하지 못했고 내 안에 아픔을 기쁨으

로 띠 띠우지 못했다. 하나님은 내 눈의 눈물과 심장의 눈물을 먼저 하나 되게 하셨다.

그리고 이제야 민족의 하나 됨을 위해 숨겨두신 퍼즐 조각으로 내 심장이 달려갈 수 있겠다.

「주님,
뛰는 심장을 주셔서 감사합니다. 아멘!」

47

일본 아이가 준 식탁보
조선 아이를 위해 상을 차린다

주일 예배를 마친 뒤 일본 자매 한 명이 조심스레 종이봉지 하나를 건
네었다. 열어보니 새하얀 식탁보가 들어있다. 얼마 전 교회 자매
몇 명이 우리 집에 밥을 먹으러 왔었다. 갑자기 만들어진 식사 자
리였다. 급히 집에 있는 재료를 찾아 일본 아이들이 좋아하는 떡
볶이, 잡채, 그리고 아웃리치 팀에게 플로잉(flowing) 된 미역으로
미역국을 끓였다.

그때 상차림을 도와주던 자매가 그만 식탁에 미역국을 쏟았다.
식탁에는 식탁보가 깔려 있었는데 너무 미안해하는 자매에게 별
일 아니라 하며 식탁보를 얼른 걷어 내었다. 자매는 그것이 미안
하고 갑자기 밥을 먹게 된 일이 감사하여 선물을 준비했단다. 그
날의 식탁보는 이미 세탁해서 깨끗해졌다고 말했지만 내 입은

연신 기뻐하고 있었다. 받은 식탁보가 새하얗다. 집에 와서 새하얀 식탁보를 깔아보니 정말 하얗다. 방 안이 전부 다 하얗다.

아까워서 사용할 수가 없다. 다시 잘 개어 넣어 놨다. '그날 그때 사용해야지' 내 마음에 감추인 1순위가 생겼다.

"천국은 마치 밭에 감추인 보화와 같으니

사람이 이를 발견한 후 숨겨 두고 기뻐하며 돌아가서

자기의 소유를 다 팔아 그 밭을 사느니라"(마 13:44)

요즘 거룩한 질투로 씨름하고 있다. 나는 이 땅 일본에서 13년째 살고 있다. 이젠 한국 인천공항보다 오사카 간사이 공항에 도착했을 때 더 편안함을 느낀다. 한국은 순례자의 여정, 일본은 집이 되었기에 그런가 보다. 일본 마트의 일본 냄새가 좋아졌다. 잘 못 먹던 쯔유(일본 다시마 간장) 요리가 맛있어졌다.

"곤니찌와"라고 인사하는 일본 할머니의 목소리가 다정하니 좋다. 이 땅 일본이 좋다. 하지만 이 땅 한 모퉁이 감추인 조선이 더 좋다.

이 땅 일본 아이들의 웃음소리가 좋다. 하지만 감추인 조선 아이들의 웃음소리가 더 좋다.

함께 예배하는 일본 성도가 좋다. 하지만 주방 한 켠에서 아이들을 위해 급식을 준비하는 조선의 엄마가 더 좋다.

케이카를 위해 기도한다. 하지만 서희를 위해 더 기도한다.

이 땅에 와서 조선 아이들을 바라보던 눈빛들이 일본 아이들을 더 바라보면 질투가 난다. 일본을 더 바라보다가 겨우 찾은 조선을 잊을까 봐서, 소홀해질까 봐서, 모른 체할까 봐서 그런 모양이다. 누구든 이 땅에서 조선을 만나거든 아껴 둔 마음을 다 쏟아진한 사랑을 하면 좋겠다.

하나님 마음에 감추인 1순위는 무얼까?
갈릴리 가나에 혼인 잔치가 열렸다. 베풀어진 잔치에서 많은 사람들이 마음껏 먹고 마시며 즐거워한다. 하지만 이 혼인 잔치에는 비밀이 있다. 잔치 마지막에 가장 맛있는 포도주가 나오는 것. 그때야 비로소 최고의 기쁨에 취하는 것이다. 이 비밀을 맡은 자도, 주님도 조용히 기다리고 있다. 그때를 위해 감추인 아끼는 마음이다.

얼마 전에 이 땅에서 북에서 온 사람들, 남에서 온 사람들, 일본 땅에 사는 조선 사람들이 함께했다. 이 땅의 일본교회에서 하나가 되어 손을 잡았다. 이렇게나 나뉘짐이 최고의 하나 됨이었다. 최고의 소망이었다. 최고의 기쁨이었다.

이 땅에 감추인 보화가 있다.
감추인 보화를 발견한 마리아는 순전한 나드 한근 전부를 예수님 발 위에 부어 밭을 산다.
감추인 보화를 발견한 가난한 과부는 두렙 돈 전부를 드려 밭을 산다.

우리의 인생에 감추인 보화를 찾았는가?

하나님이 세상에 베푼 잔치에서 단지 먹고 마시고 즐거워하는 삶이 아니라 주님을 돕는 삶을 살고 싶다. 하나님의 계획은 하나님의 세상을 천국 잔치로 만드는 것이다.

난 일본 아이가 준 식탁보에 조선 아이를 위해 상을 차리고 있다.

그리고 그날이 오면, 가장 맛있는 포도주에 흠뻑 취하리라.

최고의 기쁨을 넘어 영광을 보리라.

"여호와 우리 주여 주의 이름이 온 땅에 어찌 그리 아름다운지요

주의 영광이 하늘을 덮었나이다"(시 8:1)

「주님,

저의 감추인 보화는 주님, 당신입니다. 아멘!」

48
저녁이 되고 아침이 되었다

우리학교에 작은 행사가 있어 다녀왔다.

처음 우리학교 급식에 갔을 때 "다레노(누구) 엄마예요?"라며 인사하던 네 살 아이가 겨울이 지나고 새봄이 되면 초등학교 4학년이 된다. 그 아이가 엄마하고 살며시 다가오더니 "우리 00가 세례를 받았어요"라고 한다. 잘못 들었나 싶을 정도로 놀랐다. 이것은 너무나 기쁜 일이고 잔치를 열고 축하할 일이다. 나의 입은 기뻐하며 연신 축하의 말을 하고 있지만 마음은 왜 이리도 슬픈지, 서운한지 모르겠다.

그 아이가 영어를 배우고 싶어 해서 미국 파송 교회를 소개했었다. 그런데 만남과 배움의 과정에서 세례까지 받는 은혜를 얻게 된 것이다. 코로나와 여러 가지 사정으로 잠시 만나지 못하는 시간 속에서도 하나님은 쉬지 않고 놀라운 일을 하고 계셨다.

'주님, 왜 미국 파송 교회에서 세례를 받게 하셨는지요?

이 아이가 우리에게 어떤 아이인 줄 아시면서요.

겨우 품으로 들어온 한 아이를 소중히 소중히 아꼈는데요.'

정답을 알면서도 몇 날을 주님께 이유를 알려달라고, 주님의 마음이 알고 싶다고 애원했다.

처음 만난 아이라서, 키가 자라고 마음이 자라는 시간을 함께해서, 언제나 옆에 있을 거라고 생각해서, 내 것인 줄 알았나 보다.

내 보이는 입술은 찬양과 감사의 모습이건만 보이지 않는 믿음에는 평안이 없음을 깨달았다. 그저 아프기만 하다. 불평, 불신의 생각과 감정을 가지고는 진실로 감사할 수가 없기에 내 안에 어두움으로 가려진 세상을 본다.

며칠이 지나고 주일 예배를 드리고 있었다. 성령님은 안 되겠다 싶었는지 내 마음을 밝히기 시작하셨다. 일본어 찬양이라서 내게 완전한 언어가 아니었음에도 성령님은 언어가 다른 것이 아무 문제가 되지 않았다. 설명도 없으신데 찬양의 곡조를 타고 그냥 모든 것이 이해가 되어졌다. 평안이 임했다. 그저 눈물로 주님의 이름을 송축할지어다. 하나님은 좋으신 분이라고.

"온 땅이여 여호와께 즐거운 찬송을 부를지어다

기쁨으로 여호와를 섬기며 노래하면서

그의 앞에 나아갈지어다 여호와가 우리 하나님이신 줄 너희는 알지어다

그는 우리를 지으신 이요 우리는 그의 것이니

그의 백성이요 그의 기르시는 양이로다

감사함으로 그의 문에 들어가며 찬송함으로 그의 궁정에 들어가서

그에게 감사하며 그의 이름을 송축할지어다

여호와는 선하시니 그의 인자하심이 영원하고

그의 성실하심이 대대에 이르리로다"(시 100편)

집 앞에 센토(목욕탕)가 있다. 흔히 아는 온천과는 다르다. 옛날 일본 사람들은 집에서 씻는 것보다 집 가까이에 있는 센토에서 목욕하는 것이 더 흔하고 편했다고 한다. 지금 살고 있는 집도 옛날 집이라서 집에서 씻는 것보다 센토에 가는 것이 편하다. 그래서 겨울이면 집 앞 센토에 자주 가게 된다.

그런데 일본 영화나 TV에서 보듯이 남탕, 여탕을 기준으로 중앙에 주인이 앉아서 돈을 받는 곳이 있는데 우리 동네는 남자가 앉아 있다. 일본 땅의 문화니까 모두들 괜찮다고 하는데 갈 때마다 여간 신경이 쓰이는 일이 아니었다. 그래서 조금 걸어도 옆 동네로 갔다. 거기는 할머니가 계셨다. 센토는 거의 동네 사람들이니까 새로 온 사람은 금방 눈에 띈다. 몇 번을 갔더니 모두들 다정히 말을 건넨다. "한국 사람 같다"라고 하시길래 "맞다"라고 했더니 모두들 그럴 줄 알았다는 듯 반가워해주셨다. 무엇이 달라도 달랐나 보다.

한국인인 나는 일본 땅에 살아도 한국인이다. 하나님의 딸로 어디에 있든 나는 하나님 딸이다. 내가 어디에 있든 나이지 않은가.

어디서 누구에게 세례를 받은 것이 무엇이 중요하단 말인가?
내 것이 아닌 것이 무엇이 그리 아프단 말인가?
하나님의 것은 어디에 있든 주님의 것인 것을….
주님의 것이 어떻게 살아가는 것이 중요하지 않은가?
갈대 상자에 싸여 나일강에 유유히 흘러가는 아기 모세는 이제는 주님의 일인 것이거늘….

이스라엘에서는 "오늘 어때요?"라는 인사에 "바룩 하쉠"이라고 답한다고 한다. 바룩 하쉠은 '주님의 이름을 송축할지어다'라는 뜻이다. 오늘 나의 감정과 상황에 관계없이 좋든, 나쁘든, 슬픔이든, 기쁨이든, 절망이든, 희망이든 "바룩하쉠" 하며 손들어 하나님의 이름을 송축한다. 우리도 한번 해보자.

이 세상은 주 우리의 하나님이 숨기시기 때문에 알 수 없는 일도 많다. 그것은 주님의 일이다. 그러나 하나님은 하나님의 뜻이 담긴 말씀을 밝히 나타내 주셨으니, 이것은 우리의 것이다. 성령에 밝히 이끌린 엄마 요게벳이 갈대 상자에 아기 모세를 숨겨 흘려보낸 것처럼 말이다.

저녁이 되고 아침이 되었다. 오늘 나의 것은 이것이다.

"여호와 우리 하나님이여 우리를 구원하사 여러 나라로부터 모으시고

우리가 주의 거룩하신 이름을 감사하며 주의 영예를 찬양하게 하소서

여호와 이스라엘의 하나님을 영원부터 영원까지 찬양할지어다

모든 백성들아 아멘 할지어다 할렐루야"(시 106:47-48)

「주님,
갈대 상자 안의 아기 모세는 주님의 일입니다.
저녁이 되고 아침이 되었습니다.
바룩 하쉠! 아멘!」

49
추우니까 더 따뜻하다

계절이 바뀌어서 오사카 아마미 집에 왔다. 다다미방, 세월의 흔적을 담은 짙은 나무 기둥, 줄을 당겨 켤 수 있는 전등, 쌓여 있는 우편물이 우리 부부를 맞이했다. 오후 늦은 비행기를 탔기에 밤에 도착했다. 기름통에 조금 남은 석유를 채우자 차가운 방 공기가 금세 따뜻해졌다. 먹고 싶었던 일본 컵라면 국물은 언 몸을 녹이기에 충분했다.

'집이구나'라는 안도감에 평안히 임했다. 짧지 않은 몇 달을 하나님이 인도하시는 나그네의 여정으로 지냈다. 살림에 굶주린 나는 몇 날을 닦고, 빨고, 차가운 것에서 따뜻한 것으로 바꾸며 일본을 다시 안았다.

온 마음으로 안아야 따뜻하다.

이 땅이 그렇다. 추우니까 더 따뜻하다.

한국 목포 여정 중에 받은 문준경 전도사님의 찬양 CD를 차에서 듣노라니 그 은혜로 이 땅이 따뜻하다.

"주님 없는 천국은 내가 원치 않구요~

주님 있는 지옥도 내가 싫지 않아요~."

예수님이 함께라면 그것으로 충분함이 함께 고백되어졌다.

"예수께서 깨어 바람을 꾸짖으시며 바다더러 이르시되

잠잠하라 고요하라 하시니 바람이 그치고 아주 잔잔하여지더라

이에 제자들에게 이르시되 어찌하여 이렇게 무서워하느냐

너희가 어찌 믿음이 없느냐 하시니"(막 4:39-40)

풍랑이 이는 바다에 떠있는 배 안에 있다면 얼마나 두려울까. 하지만 그 배에 예수님이 함께 라면 괜찮다. 예수님이 주무시고 계셔도 함께라면 괜찮다. 이 땅에 살면서 두렵다는 마음으로 주무시는 예수님을 깨우곤 했다. 내가 죽을 것 같고, 무섭다며 왜 가만히 계시냐고 했다. 예수님 말씀처럼 믿음이 참 없다. 풍랑 이는 바다도 주님의 것이거늘….

일본은 지진의 나라다. 정말이지 너무도 자주 일본 전역에서 지진이 일어나고 그것을 보도하는 것이 일상이다. 그러기에 일본 집들은 온돌문화가 아니다. 전기 온풍기를 사용하기도 하지만 대부분의 가정은 석유난로를 사용한다. 지진을 대비해서 전기 없이 심지로 켜는 석유난로도 이 땅에서는 꼭 필요한 물건이다.

심지에 불을 붙이면 빨간 불이 달아오르고 그 위에 물 주전자를 올려놓는다. 주전자에서 피어나는 수증기가 정겹다. 호일에 싼 고구마가 맛있게 익는다. 더 따뜻하다. 한국이라면 캠핑장에서나 볼 수 있는 정경이 일본에서는 일상이다.

이 계절이 오면 사무치게 설레고 두려웠던 때가 생각난다. 토요타에서 오사카로의 부르심을 받고 텅 빈 방 안 난로 앞에 우리 부부가 앉아 있었다. 창문 너머로 아이들 웃음소리가 들렸다. 우리학교 운동장에서 뛰어노는 아이들이었다.

지금의 우리 부부에게는 웃음을 지으며 이야기하는 에피소드가 있다.

고구마가 익는 난로 앞에서 우리 부부는 학교 교문을 열고 들어가는 두려움으로 몇 날을 보냈다. 남편은 여자 혼자 가는 것이 부드럽고 좋을 것 같다며 자리에서 일어나질 않았다.

은혜를 입었을까? 아니면 내게 무슨 용기가 있었을까?

나는 벌떡 일어나 굳게 닫힌 녹슨 철 교문을 열고 운동장을 지나 현관의 글귀들을 읽으면서 교무실로 향했다. 그러고는 "우리학교 아이들을 보러 왔다"라며 "청소를 해도 좋고 밥을 해도 좋고 무슨 일이든 함께 하고 싶다"라고 말했다.

이렇게 우리 아이들을 만났다. 그리고 걸음걸음은 숨겨져 있는 우리 민족의 한 퍼즐 조각을 찾게 하셨다.

'그때 그 입은 용기로 하나님은 내게 우리 민족의 기름 부음을 낳는 은혜를 주셨구나'라는 생각이 들었다.

아직 코로나 시대가 끝나지 않았지만 닫혀 있던 이 땅의 문이 열렸다. 이 땅에는 변함없이 하늘의 만나가 내리고 있다. 공중을 나는 새를 보아도, 들의 백합화를 보아도….

그리고 새 시대, 새 선교가 시작되고 있다. 3년간 오지 못한 선교의 발길이 우리학교 아이들을 만나기 위해 찾아오고 있다. 우리 아이들을 만나는 걸음걸음은 설레면서도 두려운 것임을 안다. 누구보다 먼저 걸어왔으니까 또한 그 두려움은 기쁨으로 띠 띄우실 것을 안다. 누구보다 먼저 보았으니까….

이 땅에 오는 마음들을 맞으러 기름통에 기름을 가득 채우고 왔다. 이 땅을 밟는 걸음걸음들이 온 마음으로 이 땅을 따뜻하게 안고 가길 기도한다. 추우니까 더 따뜻한 것을 아는가? 이 땅의 은혜가 그렇다.

바람이 불면 어떠하랴. 파도가 친들 어떠하랴. 주무시는 주님인들 어떠하랴. 주님과 함께 타고 있는 배 안이라면 충분하다.

때가 되면 풍랑도 바다도 순종할 것임을 나는 안다.

"너희는 가만히 있어 내가 하나님 됨을 알지어다

내가 뭇 나라 중에서 높임을 받으리라

내가 세계 중에서 높임을 받으리라 하시도다"(시 46:10)

「주님,
이 땅에 하늘의 만나를 내리시니 감사합니다.
이 땅이 추우니까 더 따뜻합니다.
이 땅이 가만히 있어 하나님 됨을 알게 하소서. 아멘!」

50
크게 사랑하라

여름이 오는 길목에 마트나 시장에 가면 우메(매실)가 많이 나와 있다. 큰 것 작은 것, 익은 것 안 익은 것, 좋은 것 덜 좋은 것. 매년 매실을 따서 가져다주는 일본 성도가 있다.

가지고 있는 조그만 산에 매실나무가 있단다. 자연이 주는 그 대로인 열매는 크기도 제각각이고 주근깨가 많이 있다. 올해도 마트나 시장에서는 비싸기에 엄두도 못 내는 양을 많이도 따다 주셨다.

하나하나 꼭지를 떼며 씻었다. 매실과 설탕을 동일한 양으로 섞어 통에 담고 보니 이렇게나 많다. 두어 달이 지나면 맛있는 매실액이 나온다. 이것은 매년 우리 집 주방의 비밀무기가 된다. 요리에 향기를 더해주고 맛을 더해준다. 얼음을 탄 우메 주스는 더운 여름에 내 집을 찾는 이들에게 더 없는 시원함이 된다. 올해는

매실이 많아서 우메보시(梅干し)도 만들어 보았다.

우메보시(장아찌)는 일본인들이 옛날부터 먹던 음식이다. 매실액과 만드는 방식도 다르고 먹는 방법도 다르지만 왜인지 같은 느낌이다. 설탕이 아닌 소금에 절인 우메보시는 먹는 순간 생각보다 짜고 시큼한 맛에 깜짝 놀라긴 한다. 처음 이 땅에 와서 어디서나 파는 우메보시가 궁금해서 먹어 보았다. 그때의 기억은 지금도 강렬함으로 남아있다. 이제는 그 강렬함에 익숙해져 가고 있다. 그리고 그만큼 그립다.

각각의 통 뚜껑에 만든 날짜와 매실액, 우메보시를 메모해 두고 나란히 놓여 있는 통들을 바라보노라니 뒤섞인 감정들이 소리를 낸다.

크게 사랑하라.

"우리가 선을 행하되 낙심하지 말지니

포기하지 아니하면 때가 이르매 거두리라"(갈 6:9)

일제 강점기 시대를 배경으로 한 일본 드라마를 보았다.

어느 일본인 노부부가 부산 바다 해변에 서서 "얏또 킷다나~"(드디어 왔구나)라고 하며 드라마는 시작된다. 일본인이지만 부산에서 태어나 자라 결혼까지 한 부부는 1945년 일본이 전쟁에 패한 후 한 번도 가본 적이 없는 자국(自國)으로 가게 된다. 하지만 부부는 일본 땅에서 살면서 그리운 것은 그리운 채로 남겨둬야

했다.

일본 땅에서 태어나서 살고 있는 조선인들이 있다. 우리는 그들을 '조총련'이라고 부른다. 삶의 방식이 좀 달랐어도 그 원래 가지는 같거늘…. 내 할아버지 할머니 나라, 내 나라를 그리워하는 것은 당연하거늘…. 사람 마음이 그리 다르랴!

이름이 뭐 그리 대수인가 싶다.

주님은 유대를 떠나 갈릴리로 가기 위해서 사마리아를 거쳐야만 했다. 유대 사람은 사마리아인을 상종하지 않던 때였다. 그런데 그 땅에서조차도 차별을 받는 가장 비천한 여인이 있었다. 남편이 다섯이나 되어서 아무도 다니지 않는 한낮에 우물가로 물을 긷는 여인이다. 주님은 그 여인을 찾아 우물가로 가셨다. 아무도 찾지 않는 곳을 주님이 가셨다. 땅끝이었다. 복음은 땅끝을 갈망한다. 그 땅끝에서의 예배를 기다리신다.

주님이 거쳐 가셨는데 여인에게 남편 다섯이 아직도 문제인가….

"우리학교 여름방학을 이용해 내 나라에 가보자"라는 조선인들을 위해 마음을 모았다. 나눠진 것이 하나 되어 함께하는 여행이 될 것이다.

유다의 포로와 이스라엘의 포로를 돌아오게 하며 그들을 처음과 같이 세우시는 하나님께 기도했다.

이 땅의 예배가 세계 열방 앞에서 하나님의 기쁜 이름이 될 것이요, 찬송과 영광이 될 것이다. 우리는 부르신 곳에서 선을 행하되 낙심하지 않기를 기도하자. 아니 피곤하지 않기를 기도하자. 그리고 크게 사랑하자. 주님이 나를 거쳐야만, 주님이 사마리아를 거쳐야만 갈 수 있다고 하신다.

"사람이 여호와의 구원을 바라고 잠잠히 기다림이 좋도다"(애 3:26)

「주님,
조선의 포로를 돌아오게 하며 이 나라를 처음과 같이 세워주소서.
이 땅의 죄악을 정하게 하며 사하여 주소서.
이 땅을 치료하며 고쳐 낫게 하고
평안과 성실이 풍성함을 그들에게 나타내소서. 아멘!」

51

특별하지 않지만 맛있게

하루 동안 교토를 느끼고 왔다. 나는 고즈넉하고 나지막한, 조금은 쓸쓸해 보이는 겨울 교토를 좋아한다. 그리고 담백한 교토 가정식 요리를 좋아한다. 도심을 중심을 흐르는 강줄기를 따라서 시간과 역사를 지켜오고 있는 옛 풍경은 내게 편안함을 안긴다. 교토는 오랜 전통을 유지하고 보존하고 있기에 일본을 가장 잘 볼 수 있는 지역이기도 하다.

교토 여행의 또 다른 묘미는 거리거리에서 마이코들을 볼 수 있다는 것이다. 목덜미까지 하얀 얼굴에 기모노를 곱게 차려입고 나막신(게다)을 신고 종종걸음을 걷는 여인들이다. 일본의 전통 연회에서 손님을 위해 노래, 춤, 전통악기를 연주하는 것이 주업이었다.

마이코는 마이코를 양성하는 전문학교에서 교육을 받으며 생활한다. 언젠가 텔레비전에서 마이코를 위해 식사를 준비하는 요리사의 이야기를 본 적이 있다. 전 지역에서 모인 다양한 입맛을 위해 아이러니하게도 특별하지 않은 맛으로 음식을 만들어야 한다고 한다. 이것을 일본어로 '후츠니 오이시'라고 표현한다. 눈부신 삶 속에 숨겨진 '후츠니 오이시'한 삶이다. 더 맛있게 보다 누구나 먹을 수 있는 보통의 맛으로, 특별하지 않지만 맛있게 만든다는 것. 왠지 은혜라는 생각이 들었다.

아무것도 없는 광야에 사는 이스라엘 백성에게 하늘에서 내리는 만나는 최고의 밥이었다. 특별하지 않지만 맛있는 밥이었던 것이다. '더'의 탐욕과 욕심은 만나를 썩게 하였다.
요즘 시대는 더 크게, 더 많이, 더 험하게, 더 자극적으로 등 '더'를 향하고 있다. 평범한 보통의 것, 특별하지 않은 것에는 시선이 멈추질 않는다.
내가 이 땅에서 무엇을 할 수 있단 말인가?
아무것도 할 수 없는 이 땅에서 특별하지 않지만 맛있게 축복이 아닌 은혜를 구한다.

일본 땅과 이 속의 우리학교 아이들을 만나려고 아웃리치를 온 형제가 누가복음 묵상 중에 은혜를 나누었다. 장사 지낸 예수님의 시신에 향유를 바르기 위해 여인은 아침 일찍 무덤으로 갔다. 무덤 어귀를 막은 돌은 굴러져 있고 예수님의 시신은 사라지고 없었다.

깊어서 메워지지 않는 마음의 상처로, 고여 썩은 물인지도 모르고 당연한 것인 양 굴곡진 데로, 고여 있던 데로 살아왔다고…. 빈핍함으로 이 땅을 밟았다고….

어느 아침에 갑자기 시체가 사라진 것처럼, 마음에 고여 있던 썩은 것들이 불현듯 사라지고 없다고 고백한다. 그러자 마음이 이렇게나 평탄할 수가 없다. 길이 평탄해서 주님께 갈 수 있겠다고, 그저 은혜라고 고백한다.

추운 겨울 생배추를 썰어 넣어 끓인 된장국은 특별하지 않지만 맛있다. 얼마 전에 출간된 조선인 만화 전도 책자를 들고 조선학교 선생님들을 만나고 왔다. 사실 책자를 포장하면서 두려움으로 망설였다. 그저 사람과 사람인데 왜 이리도 가는 길이 험한지…. 골짜기 골짜기인지…. '조총련'이라는 그 이름이 이렇게나 굴곡지단 말인지…. 강력한 그들의 삶에 '후츠니 오이시'한 삶을 주고 싶다. 특별하지 않지만 맛있는 삶을 나누며 살고 싶다.
'하나님! 배추 된장국을 이들과 함께 맛있게 먹고 싶습니다.'
이들이 주님에게 올 수 있도록, 그 오는 길을 곧게 만들어주고 싶다. 패인 골짜기를 메워주고 굽고 험한 길을 평탄하게 펴주고 싶다. 오는데 포기하지 않도록 말이다.

"…너희는 주의 길을 준비하라 그의 오실 길을 곧게 하라
모든 골짜기가 메워지고

모든 산과 작은 산이 낮아지고

굽은 것이 곧아지고 험한 길이 평탄하여질 것이요

모든 육체가 하나님의 구원하심을 보리라 함과 같으니라"(눅 3:4-6)

헤어진 후 밤에 연락이 왔다. 오늘 이 기쁜 만남은 인생의 자산이 되었다고, 저녁밥을 먹는 내내 행복했다고, 그리고 너무 맛있었다고 한다. 사실 얼마 전 아웃리치 팀과 학교에 갔을 때 "글을 잘 읽고 있습니다"라고 하셨다. 복음신문에 올라오는 칼럼을 계속 읽고 계셨던 것이다.

"가련하고 가난한 자가 물을 구하되 물이 없어서 갈증으로

그들의 혀가 마를 때에 나 여호와가 그들에게 응답하겠고

나 이스라엘의 하나님이 그들을 버리지 아니할 것이라

내가 헐벗은 산에 강을 내며 골짜기 가운데에 샘이 나게 하며

광야가 못이 되게 하며 마른 땅이 샘 근원이 되게 할 것이며"(사 41:17-18)

「주님,
이들이 주님에게 올 수 있도록 그 오는 길을 곧게 하소서.
패인 골짜기를 메워 주소서. 굽고 험한 길을 평탄하게 하소서. 아멘!」

52

하나님 이야기로 커피가 식어간다

늦가을 교정이 아름다운 이화여자대학교를 다녀왔다.

예전에 인기 있던 영화 속 명대사 "나 이대 나온 여자야"가 떠올랐다.

정문에서 만나기로 약속을 했지만 일부러 일찍 도착한 나는 가만히 서 있을 수가 없었다. 교정에 들어서니 11월의 마지막 단풍들이 더없이 무르익고 있었다. 전통과 당대의 모습들이 어우러져 역사와 시대를 밝혀주고 있었다. 학생들이 여기저기 가을 캠퍼스를 만끽하고 있었다.

'서희하고 맛있는 점심으로 무얼 먹을까?'

내 발걸음은 바쁘게 식당가를 찾고 있었다. 사실 서희와의 맛있는 데이트를 위해서 한 시간 더 일찍 도착해서 역 주변과 학교 정문 주변을 탐색했다. 마음이 닿는 먹거리, 식당을 좀처럼 찾을 수가 없었다.

학교 안의 식당가를 몇 번이고 돌고 돌았다. 그러면서 서희를 기다렸다. 수업을 마친 서희가 저기서부터 환하게 웃으며 뛰어온다. 우리는 건강한 음식을 먹는 것에 마음이 딱 닿았다. '요즘 학교 식당가에는 이런 음식도 파는구나'라는 생각이 들었다. 음료는 학교 밖에서 먹기로 해서 주문하지 않았다.

"사모님이 오시면 같이 오려고 계속 생각한 곳이에요."

정문에서 좀 내려와 좁은 골목으로 들어가니 옛 정취가 남은 다정다감한 작은 가게가 보였다. 오래된 것을 좋아하는 내 취향을 알고 인도한 마음이다. 우리는 커피와 초콜릿 케이크를 놓고 이야기하느라 정신이 없었다. 마음과 마음이 닿는다. 참 신기하다. 그리고 감사하다.

하나님 이야기로 커피가 식어간다.

여리고에 살고 있는 라합에게 가보자.

그녀는 기생이고 이방 여인이다. 이스라엘 백성의 출애굽 당시의 이야기이다. 라합은 가나안을 탐지하러 온 정탐꾼 두 명을 숨겨주는 용기를 보인다. 기생으로 이방 여인이었지만 하나님의 마음을 알고 있었다. 하나님의 마음을 아는 자는 믿음의 걸음을 걸을 수 있다. 그리고 그 믿음은 라합 자신과 가족의 구원을 이루었다.

"주 예수를 믿으라 그리하면 너와 네 집이 구원을 받으리라"(행 16:31)

늘 옆에 두고 묵상하며 선포되는 말씀이다. 그저 가족 구원의 말씀일까?

아기 예수님이 오는 족보를 보면 라합은 살몬과 결혼을 하여 보아스를 낳는다. 놀랍다. 라합의 믿음은 네 집의 구원을 넘어 예수 그리스도가 오시는 길을 여는 거룩한 신부였다. 하나님의 뜻을 행하며 그의 일을 온전히 이루어가는 것이었다.

"너는 일본 사람이야? 한국 사람이야? 어느 나라 사람이야?"
조선학교를 졸업한 서희가 이화여대 교환학생으로 와서 받는 질문이란다. 서희는 일본에서 할아버지의 아버지 때부터 살고 있는 조선인 4대이다. 서희는 "나는 조선 사람이야"라고 답한단다.

한국에서는 조선이라는 언어를 사용하면 고개를 저으며 왠지 모를 거부감으로 낯설어하지만, 사실 일본에서 조선은 흔하게 접하는 언어이다. 아직도 전자사전을 사용하는 일본은 한글을 조선어로 표기하고 있다. 일본 TV 일기예보를 보면 우리 한반도를 조선 반도라고 칭하고, 한국은 '칸코쿠', 북한은 '기타조센'(북조선)이라고 부른다. 그리고 '조센진'(조선 사람)이라는 호칭도 그대로 사용하고 있다. 그래서인지 일본에서 조선은 자연스러운데 원래 조선이던 한국에서는 그렇지가 않다. 아직도 일본 땅에 '조선'이라는 이름으로 우리 민족이 살고 있는데도 말이다.

서희 할아버지의 고향은 경상북도 김천인데 한번 와 보고 싶었지만 그러지 못하시고 일본 땅에서 생을 마치셨다. 금세 우리나라가 하나 되는 줄 알고 기다리고 기다리신 세월이 지금의 서희

한테까지 이어졌다.

지금 이 딸의 마음에 예수님이 있다. 그리고 이 딸이 믿음의 걸음에 용기를 내고 있다. 이 용기는 '너와 네 집의 구원을' 이룰 것이다. 이제는 왕으로 오실 예수 그리스도의 길을 여는 거룩한 신부의 여정이다.

우물가 사마리아 수가성 여인의 구원은 사마리아 땅의 구원을 이루었다.

"너희는 넉 달이 지나야 추수할 때가 이르겠다 하지 아니하느냐

그러나 나는 너희에게 이르노니

너희 눈을 들어 밭을 보라 희어져 추수하게 되었도다"(요 4:35)

「주님,
용기를 낸 서희의 믿음의 걸음을 세어주소서.
서희의 믿음이 너와 네 집의 구원을 넘어
민족의 구원을 넘어
왕으로 오실 예수 그리스도의 길을 여는
신부의 여정이 되게 하소서. 아멘!」

53

하나님께 대하여 부요한 자

시장에 겨울 무가 싸게 많이 나와 있기에 큰 것으로 몇 개 사 왔다.

한국 무와 일본 무는 조금 다르다.

한국 것은 조선무라 하여 알이 밴 다리 모양이라면 일본 것은 일정한 굵기로 기다란 모양이다. 그래서인지 일본 오뎅(어묵)에 들어있는 무는 동그랗게 크기가 일정하다.

일본인들에게 맛이 잘 밴 무는 오뎅보다 인기가 좋다.

오뎅을 하려고 무 하나는 남겨 놓고 나머지는 큼직하게 썰어서 한국 설렁탕 집에서 나오는 깍두기를 만들 참이었다. 나는 겨울 무로 깍두기를 만들 때 소금에 절이지 않고 갖은 김치 양념만으로 버무려 실온에 며칠 놔둔다. 그러면 무에서 나오는 물과 양념 맛이 어우러져 무는 아삭하고 빨간 국물은 동치미 물같이 시원하니 맛있다.

깍두기가 거의 마무리가 되어 의자를 밟고 큰 그릇들을 정리하고 있었다. 한쪽 다리로 의자 중심이 쏠렸는지 중심을 잃고 의자에서 떨어졌다. 순식간에 일어난 일이었다. 방 안에 있던 남편과 딸이 놀라 달려왔다. 어디부터 떨어져 어느 곳이 아픈지 모르겠는데 움직이기가 힘들었다. 한국이라면 곧장 병원으로 갔을 지도 모르겠지만 그냥 방바닥에 누워 온몸에 파스를 붙이고 하루를 보냈다. 며칠이 지나니 조금씩 앉고 일어서기가 편해지고 손목도 편해졌다. 그사이 깍두기가 맛있게 익어갔다.

새해, 새날이 열렸다.

이 땅은 가까운 슈퍼를 가거나, 전철을 타려고 조금만 걸어도 신사(神社)가 있다. 굳이 그 수를 비교하자면 한국의 교회와도 같다. 살고 있는 집 주위에도 여섯 개나 되는 제법 큰 신사가 있다.

길거리에 조그맣게 자리하고 있는 수많은 신당(神堂)은 함께 사는 존재 같다. 새해가 되어 저마다의 신사에서 안내하는 글귀가 여기저기 게시판에 가득히 적혀있다. 1월의 신사는 어느 곳을 가든지 많은 인파로 분주하다. 기모노를 입은 여인들, 엄마 아빠 손을 잡은 아이들, 사랑하는 연인들이 한 해를 기도하기 위해 발길을 분주히 움직인다.

"여호와여 위대하심과 권능과 영광과 승리와 위엄이

다 주께 속하였사오니

천지에 있는 것이 다 주의 것이로소이다

여호와여 주권도 주께 속하였사오니

주는 높으사 만물의 머리이심이니이다"(대상 29:11)

다윗이 했던 기도를 동일하게 할 수 있다는 것이 은혜이지 않을 수 없다. 다윗의 시대이든 지금 이 시대이든, 한국 땅이든 지금 일본 땅이든, 예배당이든 코타츠(일본식 난방기구) 안이든, 서 있든, 앉아 있든 다윗처럼 내가 나의 목소리로 여호와께 부르짖을 때 주님은 그 거룩한 산에서 응답하여 주심이다. 이 땅의 어떠함이든 나의 모습이 어떠함이든 그저 주님만을 바라봄이다.

"복 있는 사람은 악인들의 꾀를 따르지 아니하며

죄인들의 길에 서지 아니하며 오만한 자들의 자리에 앉지 아니하고

오직 여호와의 율법을 즐거워하여

그의 율법을 주야로 묵상하는도다"(시 1:1-2)

오늘 하나님이 위에서 부르신 부르심의 상을 위하여 그 마지막 목표점을 향해 기도함이 즐거움이다. 사람의 생명이 그 소유의 넉넉함에 있지 아니할진대 그리스도 예수 안에서 하나님께 대하여 부요한 자이길 바라고 원한다.

베드로는 물고기를 잡기 위해 밤이 새도록 힘쓰며 수고를 했다. 주님 말씀을 의지해서 그물을 던졌을 때 바라던 것을 넘어 기적을 보았다. 믿음의 순종으로 받은 응답이었고 그것이 기적이고 축복이 되었지만, 베드로는 배도 물고기도 버려두고 예수를 따라

갔다. 베드로의 눈에는 가득 잡힌 물고기가 아니라 이제는 주님이 보였음이리라.

"…모든 것을 버려 두고 예수를 따르니라"(눅 5:11)

우리는 무언가를 얻기 위해 베드로처럼 밤이 새도록 기도하고 수고한다. 각자의 인생 가운데 주님은 깊은 데로 가서 그물을 내려 고기를 잡으라고 말씀을 주신다. 받은 은혜이고 축복이지만 주님을 따라가기 위해서 가득 잡힌 물고기를 버릴 수 있다. 그리스도를 얻는 것이 참된 복임을 알게 되니까.

"또한 모든 것을 해로 여김은

내 주 그리스도 예수를 아는 지식이 가장 고상하기 때문이라

내가 그를 위하여 모든 것을 잃어버리고 배설물로 여김은

그리스도를 얻고"(빌 3:8)

잡힌 물고기를 자랑하느라 분주하고 요리하느라 분주하여 근심과 염려를 가지고 주님께 나아가는 삶이 아니라, 그저 주님의 발치에 앉아 그 얼굴을 구하는 것으로 더 즐거워하는 생명이고 싶다. 하나님께 대하여 부요한 자이고 싶다.

"…마리아는 이 좋은 편을 택하였으니 빼앗기지 아니하리라 하시니라"

(눅 10:42)

「주님,
하나님께 대하여 부요하길 원합니다.
당신을 아는 지식이 가장 고상합니다. 아멘!」

54

네 손을 내밀라

두어 달 동안 치과 치료를 받고 있다.

이 땅에서 나는 '고상'이라고 불린다. 일본은 성에 상을 붙여 부른다. 조금 친해지면 뒤 이름에 상을 붙이기도 한다.

바로 집 앞에 있는 치과라서 다니기도 편하고 할아버지 의사가 친절해서 그런지 부담이 없다. 이는 빼지 않고 어떻게든 살려 놔야 한다며 오른쪽, 왼쪽 썩고 앙상한 이들을 살려 주었다.

덕분에 먹고 마시는 것이 쉬워졌다. 잠시 한국에 다녀와야 한다고 치료 가능한 날짜를 미리 말씀드렸다. 마지막 치료하는 날에 할아버지 의사는 한국도 오사카같이 더우냐고 물으며 한국 음식을 좋아하는데 한 번도 가본 적은 없다고 하셨다.

'고상' 조심해서 잘 다녀오고 조금 시원해지면 다시 보자고 하셨다. 옆에 있던 간호사들도 '고상' 한국 과자 부탁한다며 수납

하는 내내 얼굴을 내보이며 손을 흔들어 주었다. 집에 걸어오면서 '뭘 사다 줄까?'라는 생각에 왜인지 기분이 좋았다. 먼저 말해 줘서 좋았다. 남편에게 이야기했더니 얼굴에 붙이는 마스크 팩과 만화 전도 책을 주고 오면 좋겠다고 했다. 얼른 여섯 묶음을 만들어서 넣어주고 왔다.

"하나님은 모든 사람이 구원을 받으며 진리를 아는 데에 이르기를
원하시느니라"(딤전 2:4)

집 모퉁이를 돌아 큰 도로를 건너면 일본초등학교가 있다. 건널목이 있지만 아이들 통학을 위해서 육교가 있다. 나는 가끔 그 육교 위에 서서 시야에 들어오는 것들을 지켜보곤 한다. 육교 아래 학교 운동장으로 가는 길에 조금은 생뚱맞게 논이 있다. 그 논둑길을 아이들이 걷고 있다. 가늘고 힘없던 벼 잎이 그새 기운차게 올라왔다. 아이들 웃음소리가 더해져 더 푸릇하게 느껴진다. 추운 날을 이기고 비옥한 거름을 먹고 잘 다져진 땅에서 벼가 잘 자라고 있다.

농사비법 중 '흩어뿌리기'가 있다. 농경지에 여기저기 흩어지게 씨를 뿌리는 것이다. 지금처럼 밭과 논이 구별되어 있지 않았던 예전 유대인들의 농사비법은 흩어뿌리기였다. 그러기에 예수님은 천국의 비밀을 씨 뿌리는 비유로 말씀하셨나 보다.

하늘에서 만나가 내려오는 것을 상상해 본다. 복음의 씨가 그렇게 뿌려지고 있다. 길가에도 뿌려지고, 돌밭에도, 가시떨기에

도 어디든지 내린다. 하나님의 빛은 차별 없이 모든 이들에게 비추인다. 그 하나의 이유는 '구원'이다.

율법 학자들과 바리새인들이 안식일에 일하고 있는 예수를 고발할 구실을 찾고 있다. 물론 예수님은 이들의 생각을 아셨다. 예수님은 모두에게 보란 듯이 손이 오그라든 자에게 "일어나서 한가운데에 서라"라고 하셨다. 그리고 "네 손을 내밀라"라고 하셨다. 그렇게 구원을 이루셨다.

내가 만나는 조선학교 아이들이 아직은 길가인지 모른다. 내가 만나는 그 엄마들이 아직은 돌밭인지도 모른다. 내가 만나는 그 선생님들이 아직은 가시떨기 밭인지도 모른다. 그런데 나도 길가에 뿌려진 씨처럼 하나님을 모르고 산 적이 있고, 나도 돌밭처럼 낙심하여 하나님을 멀리한 적이 있다. 그리고 나도 가시떨기처럼 가시가 많아 하나님께 가까이 가지 못한 적이 있다.

김치를 주려고 우리학교에 갔더니 나와 같은 성을 가진 교장 선생님이 반겨주셨다. 김치를 보더니 가위로 조금 잘라 손바닥에 올려 먹어 본다. 그러고는 "우리 고 씨는 본이 '제주 고(濟州 髙)' 하나밖에 없다"라며 나를 보고 "누나이지요"라고 한다. 덩치 좋은 남동생이 생겼다.
우리 부부는 이야기하곤 한다.
"이 교문을 스스럼없이 열고 들어가는 것이 이렇게나 쉬워지

다니…."

처음 사역을 시작할 때 조선학교에 들어가는 것이 두려웠던 남편은 여자 혼자 가는 것이 더 부드러울 것 같다며 꼼짝도 하지 않았었다. 나는 굳게 닫힌 녹슨 교문이 무거웠다. 나는 선생님들의 지나친 친절이 불안했다.

"여호와의 말씀이니라 이스라엘 족속아 이 토기장이가 하는 것 같이

내가 능히 너희에게 행하지 못하겠느냐

이스라엘 족속아 진흙이 토기장이의 손에 있음 같이

너희가 내 손에 있느니라"(렘 18:6)

이러했든 저러했든 내 삶의 전부는 하나님으로부터 내려온 것이다. 그러니 다 괜찮다.

드디어 이들의 뜨거운 여행이 시작되려 한다. 저 동편 땅끝에서 비행기를 타고 엄마 손 잡고, 동무 손 잡고, 할머니 할아버지 나라인 우리들 나라에 온다. 이들이 이 땅 한복판에 설 것이다.

"갈지어다 내가 너희를 보냄이 어린 양을 이리 가운데로 보냄과 같도다"

(눅 10:3)

이들에게는 다른 사상이 있다고 율법 학자들처럼 고발할 구실을 찾고 있지는 않은가? 예수님은 안식일에 "생명을 구하는 것과 멸하는 것 어느 것이 옳으냐?"라고 하셨다. 사상과 이념이라는 율법 속에 손이 오그라든 채 일어서지 못하고 있다.

어린양이 무엇을 할 수 있을까? 우리의 제한된 생각을 버려야 한다. 그러면 하나님은 더 커지게 된다.

"네 손을 내밀라."

우리는 손을 내밀었다. 그들도 손을 내밀었다. 손을 꼭 잡아야 한다.

그 비옥한 가슴에 30배, 60배, 100배 예수 생명이 가득하리라.

"이스라엘 하나님의 영광이 동편에서부터 오는데

하나님의 음성이 많은 물소리 같고 땅은 그 영광으로 인하여 빛나니"

(겔 43:2)

「주님,
분열된 우리 민족을 구원하소서.
때가 되매 하늘과 땅에 있는 모든 것을 그리스도 예수 안에서
그분을 머리로 하여 통일 되게 하소서. 아멘!」

● 딸에게 쓰는 편지 1

" 어두움이 짙어 갈수록 신랑과의 만남은 더 은밀하게 이루어져야 한단다"

우리가 알다시피 복음의 결론은 좋은 소식이다.

하지만 시작은 나쁜 소식이었다.

'너는 죄인이다.'

딸이 어렸을 때 내게 물었다.

"엄마, 예수님은 2,000년도 전에 태어나서 나를 모르는데 어떻게 내 죄를 알아? 예수님은 한 명인데 어떻게 이 세상 사람 모두를 용서해 줘?"

"너는 태어날 때부터 죄가 있고 예수님이 모든 죄를 용서하기 위해 십자가에 죽으셨다"라는 이야기는 아이한테 분명 어렵다. 사실은 어른에게도 그렇다.

사랑하는 딸아,

하나님은 이 세상을 만드시고 하나님 형상대로 사람(아담)을 지으시고 이 세상을 다스리는 권세를 아담에게 주었어. 또한 하나님은 자기의 형상대로 천사도 만드셨지. 천사와 사람은 서로 비슷해 보이는데 그건 둘 다 하나님 형상대로 지음을 받았기 때문이란다.

　하나님이 만드신 모든 것은 선했어. 그런데 천사들 중에 루시퍼라는 천사는 질투가 많았나 봐. 이 땅을 다스리는 권세를 받은 아담을 시기하게 되었어. 아담에게 있는 권세와 영광을 자기 것으로 만들고 싶어 했지. 그것이 바로 에덴동산에서 일어난 선악과 사건이야. 그래서 아담의 씨로 나온 우리는 아무리 착하게 살아도 죄인인 거야.

　루시퍼의 행동은 하나님을 거역하는 반역이었어. 결국 루시퍼는 천사가 되는 것을 포기하고 사탄(마귀)이 되기를 선택했지. 사탄이 된 루시퍼는 천사들을 반역에 가담시켜 많은 천사들이 사탄이 되었어. 이 세상을 만드신 하나님은 가만히 있을 수가 없으셨지. 사탄을 물리칠 누군가가 필요하셨어. 그런데 죄를 지은 아담하고는 이 계획을 논의할 수가 없었어. 그래서 여자의 후손 하나(예수)를 태어나게 하실 계획을 선언하셨고, 그는 구원자로 와서 죄와 사탄을 멸할 것이라는 약속을 하셨어. 이것이 언약이야. 언약은 믿는 자에게는 축복이 된단다.

　하나님은 '아담의 죄와 사탄의 반역으로 넘어간 땅의 회복(통치)을 가져오는 데에 누가 좋을까?' 찾으시다가 아브라함의 믿음과 순종을 보시고 아브라함을 선택했어. 아담에서 아브라함으로 바뀐 거지. 그리고 여인의 후손 구원자(예수)가 아브라함 자손을 통해 이 세상에 오게 하리라는 언약을 맺으셨어(창 22:18).

여기서 여인의 후손은 확실한 목적을 가지고 오시는 것을 알 수가 있어.

첫 번째는 아담이 지은 죄, 우리의 죄를 구속하기 위해서야. 이것은 믿는 사람이라면 누구든지 잘 알고 있는 거지.

두 번째는 아브라함으로 시작되는 복의 나라, 즉 하나님 나라를 이루시는 것이란다. 이것은 아담이 사탄에게 빼앗긴 땅을 회복하신다는 거야.

좀 어렵지? 하지만 아주 중요한 것이란다.

이 언약은 이삭에게, 유다에게, 다윗에게 잘 계승되었어. 아브라함으로 시작한 이스라엘 민족의 숙명은 이 아이를 세상에 나도록 하는 것으로 정해진 거야.

"천사가 이르되 마리아여 무서워하지 말라

네가 하나님께 은혜를 입었느니라

보라 네가 잉태하여 아들을 낳으리니

그 이름을 예수라 하라 그가 큰 자가 되고

지극히 높으신 이의 아들이라 일컬어질 것이요

주 하나님께서 그 조상 다윗의 왕위를 그에게 주시리니

영원히 야곱의 집을 왕으로 다스리실 것이며

그 나라가 무궁하리라"(눅 1:30-33)

이 세상을 계속 다스리고 싶은 사탄은 메시아가 오는 것을 어떻게든 막아야 했기에 이스라엘 백성을 가만두지 않았지. 그럼에도 예수님은 베들레헴에서 탄생하셨어. 하나님의 일은 하나님의 시간에 반드시 이루어진다는 걸 명심하렴. 예수님의 오심은 사탄의 모든 권세를 멸하는 위대한 승리란다.

사랑하는 딸아,
예수님은 물론 우리의 죄를 속하기 위해 오셨어.
분명 2,000여 년 전에 우리에게 구원자로 오신 예수님은 십자가에 달려 돌아가셨어. 그리고 지금은 하늘에 아버지와 함께 계셔. 하늘에서 성령을 우리에게 부어주고 계시지.

그 이유는 아직 이 세상에는 구원자로 오신 예수님을 알지 못하는 사람들이 많고 그들을 사탄의 권세 아래에서 구해내는 일을 성령님과 함께 우리가 하길 원하시기 때문이지. 예루살렘과 온 유대와 사마리아와 땅끝까지 복음이 다 전해지면 예수님은 다시 오신다고 하셨거든.
하나님이 처음 아브라함을 부르면서 약속한 그 하나님 나라가 드디어 이루어지는 거란다. 그런데 여기에는 아직 많은 사람들이 모르는 비밀이 있어. 그것은 다음 편지에서 이야기할게.

"빌라도가 이르되 그러면 네가 왕이 아니냐
예수께서 대답하시되 네 말과 같이 내가 왕이니라

내가 이를 위하여 태어났으며 이를 위하여 세상에 왔나니

곧 진리에 대하여 증언하려 함이로라

무릇 진리에 속한 자는 내 음성을 듣느니라 하신대"(요 18:37)

딸아,

실제로 가장 큰 사건은 앞으로 일어날 일이란다.

다시 오실 예수님은 이제는 구원자도 아니고, 성령님도 아니야. 모든 것을 정복하는 왕으로 오시는 거야. 하나님이 처음부터 그 아들을 향해서 가지고 계신 목적으로 이 또한 하나님의 시간 안에서 분명 이루어진단다.

그런데 사탄이 가만히 있을까?

그 옛날 구원자로, 아기 예수가 올 때도 사탄은 온갖 방법으로 방해를 했어. 사탄은 어떻게든 왕으로 오실 주님을 못 오시게 이전보다 더 강력한 방법으로 우리를, 이 세상을, 가만 놔두지 않겠지. 그럼 우리는 이 땅에서 어떻게 무엇을 하며 살아야 할까?

딸아,

어둠이 짙어갈수록 신랑과의 만남은 더 은밀하게 이루어져야 한단다. 아무리 어두운 시련과 환란이 와도 여전히 신랑을 사랑함으로, 신랑의 사랑을 받는 신부로 산다면 우리는 견디어 낼 수 있단다.

그리고 신부의 오직 한 소망은 신랑을 기다리는 것, 주님이 어서 왕으로 오시도록 돕는 거란다. 왕의 영광은 백성이 많은 것에 있단다(잠 14:28).

그러기에 우리의 할 일은 왕 되신 주님께 많은 백성을 모아주는 거란다. 네가 서 있는 곳, 그 땅끝에서….

"여호와께서 열방의 목전에서 그의 거룩한 팔을 나타내셨으므로
땅 끝까지도 모두 우리 하나님의 구원을 보았도다"(사 52:10)

"하나님의 구원의 신비는 수학 공식 같단다"

딸아,

일본어를 전혀 모르는 막 중학교 2학년이 되는 널 데리고 어느 날 일본으로 왔지.

현지 학교생활에 힘들었을 상황을 생각해 "아빠, 엄마를 원망 하지 않았어?"라고 묻자 너의 대답은 아주 시원했지.

"비행기를 못 타봐서 비행기를 타고 일본 가는 것이 그냥 좋았 어요."

시간이 흘러 일본어가 익숙해진 어느 날이었지.

일본 역사 시간에 우리 역사를 듣고는 속상해서 울먹였지. 생 각나니?

우리는 밤이 늦도록 우리의 역사를 이야기했지. 이 땅에서 공 부한 너는 우리의 역사보다 일본사(日本史)를 더 잘 아는 것이 미 안하다고 했어.

네가 고등학교를 졸업할 즈음 하나님은 살던 나고야를 떠나라 하셨고, 엄마는 하나님께 떠날 수 있는 용기를 달라고 했단다. 하 나님은 엄마가 임신한 모습을 보여주셨고, 그것이 무엇인지는 몰랐어도 용기가 되었단다. 그 당시 너에게 하나님께 무언가를 받았는데 그것을 가지고 떠나야 한다고 말했지.

오사카로 오고 얼마 되지 않아 엄마는 너를 낳을 때와 같은 태동을 느끼며 해산을 했단다. 하나님의 영광 안에 살아있는 하나 된 우리 민족 땅이었단다. 영광을 본 자는 물러설 수가 없단다.

왕으로 오신 예수님은 십자가에 달려 죽으셨어. 이것은 누가 보아도 실패한 것 같고 망한 것 같지만 예수님은 하나님의 영광 안에 살아계신 것을 우리는 알고 있단다. 그분의 죽으심은 우리가 사는 것이고, 그분의 실패는 우리의 승리가 되었단다. 이것은 신비란다.

딸아,

엄마는 하나님의 역사의 신비가 수학 공식 같다고 생각해. 숫자는 다르지만 공식대로 하면 정확히 풀 수 있으니까 말이야. 예수님의 십자가는 모든 문제를 푸는 기본 공식으로 하나님이 미리 보여주신 정답 같아. 네 인생에도 물론 그렇단다.

마리아가 하나님의 주권적인 은혜로 예수를 낳았듯, 동방의 작은 나라 우리나라는 하나님의 주권적인 은혜를 입은 나라란다. 하지만 지금 현실의 우리나라는 나누어져 흩어져있고 망한 것 같이 아무도 모르는 나라가 되어 있어. 실패한 민족 같으나 승리한 민족이고 사라진 나라 같으나 하나님 영광 안에 존재하고 있단다. 이것은 신비란다. 우리나라는 하나님의 마지막 역사를 완성하기 위해 숨겨진 나라가 되었어.

성경의 가장 신비로운 것 중 하나는 이스라엘이야. 우리나라가 왜 히든(hidden)인지는 이스라엘을 알아야 한단다. 하나님의 역사 이니까 하나님께 죄송하지 않게 잘 알아두렴.

> "여호와께서 아브람에게 이르시되 너는 너의 고향과 친척과
>
> 아버지의 집을 떠나 내가 네게 보여 줄 땅으로 가라
>
> 내가 너로 큰 민족을 이루고 네게 복을 주어
>
> 네 이름을 창대하게 하리니 너는 복이 될지라 너를 축복하는 자에게는
>
> 내가 복을 내리고 너를 저주하는 자에게는 내가 저주하리니
>
> 땅의 모든 족속이 너로 말미암아 복을 얻을 것이라 하신지라"(창 12:1-3)

이것은 아브라함으로 출발하는 하나님의 구속 계획이며 아브라함의 씨로 시작된 민족이 이스라엘이고, 이스라엘은 모든 민족을 위해 복의 근원이 되도록 부르심을 받았단다. 이것은 지금도 유효해. 이 모든 하나님의 역사를 시작할 한 나라, 이스라엘을 제사장 나라로 선택하셨고 그 안에 모든 걸 담으셨단다. 독생자 예수! 메시아도 함께 말이야.

> "맹인이 어두운 데에서 더듬는 것과 같이 네가 백주에도 더듬고
>
> 네 길이 형통하지 못하여 항상 압제와 노략을 당할 뿐이리니
>
> 너를 구원할 자가 없을 것이며"(신 28:29)

그러나 이스라엘은 하나님께서 부르신 목적을 알지 못했고, 책임을 수행하지 못하는 상황이 모세, 이사야 시대, 예수님이 있던 당시, 지금도 계속되고 있단다. 이는 하나님의 주권적인 섭리로 이스라엘 백성들의 강퍅한 마음과 눈먼 상태를 그대로 두심이라는(롬 11:7-10) 이유가 있는 것이란다.

"그들이 칼날에 죽임을 당하며 모든 이방에 사로잡혀 가겠고

예루살렘은 이방인의 때가 차기까지 이방인들에게 밟히리라"(눅 21:24)

예수님이 십자가에 죽으신 후 40년쯤 되었을 때, 로마에 의해서 예루살렘 성전이 파괴되었고 백성들은 1,900년 동안 전 세계에 디아스포라(Diaspora)로, 가는 곳마다 반(反) 유대주의에 부딪혀 6백만 명의 대 학살을 당하는 끊임없는 박해와 강탈과 배척을 당하면서 살아왔단다. 예수님은 이것을 아셨기에 십자가에서 돌아가시기 전에 예루살렘 성전을 보시며 우셨단다(눅 19:41-44).

역사 속에서 이스라엘 나라를 서지 못하게 하고 유대민족을 없애려는 시도가 계속되었고, 우리가 사는 오늘날에도 이러한 시도가 계속되고 있단다. 아브라함에게 하신 언약이 모든 이방 민족에게로 흘러가기 위해 이스라엘이 겪어야만 하는 시간이기 때문이지.

"이방들이여 너희는 여호와의 말씀을 듣고 먼 섬에 전파하여 이르기를

이스라엘을 흩으신 자가 그를 모으시고 목자가

그 양 떼에게 행함 같이 그를 지키시리로다"(렘 31:10)

하지만 하나님은 환난 중에도 이스라엘을 지키며 이스라엘을 향한 약속의 말씀을 이루시고 있단다. 마침내 이스라엘은 1948년 5월 14일 팔레스타인 땅에 다시 건국되었어. 이스라엘 백성을 흩으셨던, 그 하나님이 지금도 그들을 모으고 있단다. 약 2,000년 동안 흩어져있어도 하나님에게는 그 존재가 여전히 이스라엘이란다.

"형제들아 너희가 스스로 지혜 있다 하면서 이 신비를 너희가 모르기를

내가 원하지 아니하노니 이 신비는 이방인의 충만한 수가 들어오기까지

이스라엘의 더러는 우둔하게 된 것이라"(롬 11:25)

하나님은 이방인에게 복음을 주기 위해 열방의 문을 여시면서, 복음이 시작된 이스라엘의 문을 닫으셨어. 복음을 낳은 민족이 복음을 십자가에 죽였구나. 이스라엘 민족이 고난의 시대를 지나는 동안 그들로부터 나온 하늘의 씨앗이 열방의 토양 속에 뿌리내리고 열매를 맺으며 성령의 역사가 진행되어 오고 있단다.

우리 민족을 보거라.

우리는 이스라엘의 희생으로 복음을 받은 거야. 나를 구원하기 위해 십자가에 죽으신 예수님은 실패한 것 같으나 결코 실패하지 않으신 것처럼, 온 열방을 구원하기 위해 국가적 생명을 넘겨준 이스라엘은 실패한 민족 같으나 결코 실패하지 않았단다.

자, 그럼 이스라엘은 언제까지 실패한 모습으로 있는 것일까?

그 해답은 충만한 이방인의 수가 들어올 때까지란다(롬 11:25).
그때야 비로소 이스라엘의 구원과 이방인의 구원, 우리가 그토록
바라는 선교의 완성이 이루어지는 것이야.

그럼 이 모든 것의 키(key)를 가진 마지막 이방인의 수는 누구일
까? 어느 민족일까?

이 시대는 하나님의 눈도 사탄의 눈도 마지막 이방인의 수에
있단다.

여기서 히든(hidden) 우리 민족을 등장시켜 볼게. 하나님이 엄마
에게 보여주신 '영광의 우리 민족 땅'은 끝이었어. 우리 민족은
이방인이지. 그런데 하나님 역사의 마지막에 영광이라는 것은 마
지막 이방인, 수의 끝이라는 것이었어. 이스라엘과 닮은 우리 민
족은 하나님의 수수께끼와도 같구나. 하지만 답은 알려 주셨단
다. 이스라엘 하나님의 영광을 위하여 동쪽에서부터 아무도 모르
는 나라가 달려올 것이라고…(사 55:5, 겔 43:2).

지금은 아무도 모르는 나라가 되어 있지만 하나님 영광으로 달
려가는 한국은 신비란다. 이스라엘이 이유 있는 눈먼 자가 되어
있는 것처럼 우리 민족도 그렇구나!

딸아,

엄마는 이스라엘로부터 가장 동쪽 일본 땅에서 "나는 조선 사
람"이라고 말하는 이들과 같이 사는 것이 소명(召命)이 되었단다.

2,000여 년 동안 흩어져있는 백성이 하나님에게는 여전히 이스라엘이듯…. 사람이 나라이구나!

진정한 구원은 나의 구원에서 시작되어 민족 구원을 넘어서 온 인류의 구원이란다. 이방인의 구원은 이스라엘을 통해서, 이스라엘의 구원은 이방인을 통해서, 이것이 온 인류를 구원하시고자 하는 하나님의 계획이었단다.

이 구원의 신비 공식은 예수 그리스도의 십자가로 미리 우리에게 알려주셨어. 이것이 특권이 된 우리는 하나님과 동역자가 되었단다. 그러기에 우리의 의무는 이 구원의 신비가 잘 풀리도록 하나님을 도와야 해. 하나님은 각 부르심대로 동역하기를 원하신단다. 영광의 그날에 함께 기뻐하고 싶으시니까….
그날에 그 땅의 남은 자들로 완전한 영광을 만드시는구나!

진짜 화살표

코로나 시간에 글을 썼다.

복음 신문에 칼럼을 연재하게 되었다.

연재된 칼럼을 모아 책을 만들었다. 일본에 있는 성도들과 일본 속에 살고 있는 조선인을 위해서 일본어도 함께 제작하게 되어 감사하다. 일본어 번역을 한 딸에게 감사의 말을 전한다.

마치는 글에 무엇을 쓸까 생각하던 중에 그날을 떠올렸다.

한국에 잠시 들어와야 하기에 많은 불안감을 안고 비행기를 탔던 날이다. 일본에서의 출발도 그리 녹록지는 않았다. 오사카 간사이공항에서 인천공항까지의 보이지 않는 상황들이 어떻게 진행될지 걱정을 많이 했다. 인천공항에 도착하니 상황들이 재난 영화의 한 장면 같았다.

'바닥에 화살표만 잘 따라가시면 그때그때 잘 인도해 드립니다.'

이렇게 안내를 받았다.

정말 크고 파란 화살표만 잘 따라갔더니 걱정했던 일들, 보건소의 PCR 검사, 격리하는 숙소까지 잘 마쳤다. 실은 누구도 만나지 못하게 하는 시스템이었지만 이날의 파란 화살표는 내게는 완전한 길이었다.

몹시 추웠던 그날, 한국 온돌의 따스함을 잊을 수 없다. 따뜻한 방바닥에 손을 대고 있으니 가슴이 먹먹해졌다. 그저 감사였다.

내 인생에 길이요, 진리요, 생명인 진짜 화살표가 있음이 감사했다. 이 길만 잘 따라서 걸으라고…. 그것으로 완전하다고…. 쉽다.

"세계가 다 내게 속하였나니 너희가 내 말을 잘 듣고 내 언약을 지키면
너희는 모든 민족 중에서 내 소유가 되겠고"(출 19:5)

하나님은 이스라엘 백성을 애굽의 재앙으로부터 구출하시고 아무것도 없는 광야에서도 하나님의 방법으로 초자연적인 보호를 하셨다. 언약 안에 있는 백성이기 때문이다. 언약 안에서 날 부르신 그 소명이 무엇인지 알고 오늘도 하나님과 동행하는 삶이 감사하다. 진짜 화살표가 참 좋다.

이 아침에 골로새서 말씀으로 기도한다.

「주님,
주님께 합당하게 살아가면서 모든 일에 하나님을 기쁘게 해드리고
모든 선한 일에서 열매를 맺고

하나님을 점점 더 알고
하나님의 영광의 권능에서 오는 모든 능력으로 강하게 되어서
기쁨으로 끝까지 참고 견디는 자가 되게 하소서. 아멘!」

– 어느 아침에

고정희 선교사

이 책을 읽고 받은 바 은혜나
깨달음이나 기도 제목 또는 감사할 일을 적어 보십시오.

성경적/역사적/신학적/과학적 방법을
동시에 사용하여 성경 개요를 한 눈에 파악할 수 있도록 하여,
성경의 흐름을 많은 도표와 그림을 통해 시각화 한 책!

윌밍턴
본문중심 성경연구
(구약/신약)

리버티대학교 헤롤드 L. 윌밍턴 박사 지음

성경을 배우고 가르치는데 기본이 되는 책!
성경 각 권의 주제와 목적은 물론이며
당시의 사회·문화적 배경을 이해할 수 있는 다양한 그림과 지도,
고고학적 사진자료, 성경 풍습에 대한 설명 등
자세한 해설을 통해 체계적이고 심화된 성경 학습에 필수적이다.

종합 성경 연구
(구약/신약)

로버트 보이드 박사 지음

망망한 바다 한가운데서 배 한 척이 침몰하게 되었습니다.
모두들 구명보트에 옮겨 탔지만 한 사람이 보이지 않았습니다.
절박한 표정으로 안절부절 못하던 성난 무리 앞에 급히 달려 나온 그 선원이
꼭 쥐고 있던 손바닥을 펴 보이며 말했습니다.
"모두들 나침반을 잊고 나왔기에…"
분명, 나침반이 없었다면 그들은 끝없이 바다 위를 표류할 수 밖에 없을 것입니다.

우리는 삶의 바다를 항해하는 모든 이들을 위하여
그 나침반의 역할을 하고 싶습니다.
우리를 구원하신 위대한 주 예수 그리스도를 널리 전하고 싶습니다.

"하나님은 모든 사람이 구원을 받으며
진리를 아는 데에 이르기를 원하시느니라"
(디모데전서 2장 4절)

사랑이 여기 있으니

지은이 │ 고정희 선교사
발행인 │ 김용호
발행처 │ 나침반출판사

제1판 발행 │ 2023년 10월 1일

등   록 │ 1980년 3월 18일 / 제 2-32호
본   사 │ 07547 서울특별시 강서구 양천로 583
           블루나인 비즈니스센터 B동 1607호
전   화 │ 본사 (02) 2279-6321 / 영업부 (031) 932-3205
팩   스 │ 본사 (02) 2275-6003 / 영업부 (031) 932-3207
홈   피 │ www.nabook.net
이   멜 │ nabook365@hanmail.net

일러스트 제공 │ 게티이미지뱅크

ISBN 978-89-318-1656-3
책번호 가-9093

값은 뒤표지에 있습니다.